# Niños sanos, adultos sanos

# Niños sanos, adultos sanos

## La salud empieza a programarse en el embarazo

### Xavi Cañellas y Jesús Sanchis

#### Recetas de Montse Vallory

La información presentada en esta obra es simple material informativo y no pretende
servir de diagnóstico, prescripción o tratamiento de cualquier tipo de dolencia. Esta información
no sustituye la consulta con un médico, especialista o cualquier otro profesional competente
del campo de la salud. El contenido de la obra debe considerarse un complemento a
cualquier programa o tratamiento prescrito por un profesional competente de la medicina.
Los autores y el editor están exentos de toda responsabilidad sobre daños y perjuicios,
pérdidas o riesgos, personales o de cualquier otra índole, que pudieran producirse
por el mal uso de la información aquí proporcionada.

Los autores agradecen la colaboración de Lucía Redondo Cuevas
y Noemí García de Marina en la elaboración de este texto.

Primera edición en esta colección: octubre de 2016

Tercera edición: febrero de 2017

© Xavi Cañellas y Jesús Sanchis, 2016
© de las recetas: Montse Vallory, 2016
© de la presente edición: Plataforma Editorial, 2016

Plataforma Editorial
c/ Muntaner, 269, entlo. 1ª – 08021 Barcelona
Tel.: (+34) 93 494 79 99 – Fax: (+34) 93 419 23 14
www.plataformaeditorial.com
info@plataformaeditorial.com

Depósito legal: B. 19.145-2016
ISBN: 978-84-16820-40-5
IBIC: VS

*Printed in Spain* – Impreso en España

Diseño de cubierta y fotocomposición:
Grafime

El papel que se ha utilizado para imprimir este libro proviene
de explotaciones forestales controladas, donde se respetan
los valores ecológicos, sociales y el desarrollo sostenible del bosque.

Impresión:
Romanyà Valls
Capellades (Barcelona)

# Índice |

# Índice

# 1.
# Introducción

## 1.1. Intenciones

*Niños sanos, adultos sanos* es un libro que recoge los últimos descubrimientos científicos sobre la salud desde una perspectiva integrativa, analizando el organismo como un todo, para cuya programación los primeros compases de la vida son de vital importancia. En estas páginas mostraremos el gran impacto que la programación inicial en el útero tiene sobre la salud, poniendo de manifiesto lo determinante que resultan la gestación, el parto y los alimentos que se ingieren durante los primeros años de vida para la construcción de un sistema inmunitario sano. En todo ello desempeña un papel fundamental la microbiota intestinal –los microbios que residen en nuestros intestinos–, cuya programación se inicia en el vientre de mamá.

*Niños sanos, adultos sanos* llena un vacío existente en la divulgación científica sobre la salud en el entorno materno-infantil. Abordamos ampliamente la influencia del estrés crónico durante el embarazo, la nutrición de mamá, la fisiología de la placenta, el tipo de parto y los demás acontecimientos que se dan en el entorno materno-infantil que afectan al complicado equilibrio salud-enfermedad.

Nuestro objetivo es mostrarte los aspectos más importantes para la prevención de las llamadas «enfermedades de la civilización», que, tristemente, no solo aumentan año tras año, sino que son aceptadas como normales: la dermatitis atópica, el asma, las alergias y las bronquitis recidivantes, entre otras.

Por otro lado, para añadir confusión, las recomendaciones oficiales en la introducción de los alimentos en los bebés no se basan en evidencia científica, no guardan coherencia con nuestra evolución y, además, carecen de sentido común. Por eso, en este libro aplicaremos las últimas investigaciones realizadas con rigor científico para derrumbar los mitos y los errores comúnmente aceptados como verdades acerca de la alimentación del niño y de la madre durante la gestación y la lactancia.

Todo esto y mucho más es *Niños sanos, adultos sanos*, un libro que aporta información contrastada sobre conceptos poco o nada divulgados, y que tomando como base la medicina y la coherencia evolutiva, las investigaciones científicas más recientes, sin dejar de lado el sentido común, te ofrece la posibilidad de alcanzar y mantener la salud y, lo que es más importante, la de los más pequeños.

## 1.2. ¿Es normal estar enfermo?

No, estar enfermo no es normal, y medicarse tampoco. Otra cosa es que se acepte e incluso se fomente que lo sea. Pero ¿por qué consideramos normal llevar un ibuprofeno, un paracetamol o un Almax en el bolsillo? ¿O que sea lo primero que metemos en la maleta cuando salimos de viaje? ¿Por qué a nadie le extraña que sea normal tomar relajantes musculares cuando tiene contracturas o somníferos cuando le cuesta dormir? ¿Es esta una buena solución? ¿Son los fármacos inofensivos?

Según la Agencia de Medicamentos y Alimentos de Estados Unidos, en 2016 la tercera causa de muerte en el mundo fueron los efectos secundarios de los medicamentos, solo por detrás de las enfermedades cardiovasculares y del cáncer. Y si lo traducimos a cifras, 15.000 personas mueren en el mundo cada mes por los efectos secundarios de los medicamentos. Resulta cuanto menos preocupante que nadie dé explicaciones, que la población no reciba esta información o que incluso nadie vaya a la cárcel por ello. Pero bueno, al fin y al cabo, es normal.

España es uno de los mayores consumidores de medicamentos del mundo. Según el ranquin del año 2013 de los medicamentos genéricos más vendidos (y suponemos que más consumidos) entre los españoles, lidera el ranquin tomar omeprazol, seguido por el consumo de paracetamol, con la simvastatina, un antihipercolesterolemiante, ocupando el tercer lugar. En las siguientes posiciones del ranquin de la normalidad encontramos el ácido acetilsalicílico (la famosísima aspirina), el incombustible ibuprofeno (analgésico y antiinflamatorio), la metformina (un antidiabético oral) y el lorazepam (un ansiolítico).

Seguramente pensarás que es muy fácil afirmar que hacer un uso excesivo del botiquín no es normal. «Vale, lo acepto, estar enfermo y tomar fármacos no es normal, por mucho que socialmente se acepte y que haya muchos interesados en que sea así. Pero entonces ¿qué hago con mi dolor de cabeza? ¿Qué hago cuando la ansiedad me reconcome por dentro?» Pues, para ser sinceros, no lo sabemos. Desconocemos el origen sin hablar contigo, sin saber de tu pasado, de tu presente, de tus primeros años de vida, de tu adolescencia, de tus sentimientos, de tus aspiraciones y tu lugar de trabajo. Tampoco sabemos, sin estudiar a fondo a tu niño, por qué le salen manchas en la piel (un niño atópico, lo llaman), ni sabemos decirte, sin entablar conversación contigo y con él, por qué es más activo que los demás niños, por qué le cuesta concentrarse y por qué ahora ha pasado a llevar la etiqueta de «TDAH».

Pero sí que sabemos unas pocas cosas. Sabemos que tener dolor de cabeza no es normal, y su causa seguro que no es una carencia de paracetamol. Sabemos que tener gastritis crónica no es normal, y que su causa seguro que no es una carencia de omeprazol, sustancias ambas que, por cierto, nuestro cuerpo no produce. Sabemos que tener dermatitis atópica no es normal y que no se debe a una carencia fisiológica de pomada de cortisona. Sabemos que el *boom* de las «-itis» entre los más pequeños —otitis, bronquitis, faringitis, dermatitis, laringitis, etcétera– que llenan las salas de urgencias no es normal, aunque así se acepte. Sabemos que tratar estas patologías con fármacos supone poner parches al problema, pero no solucionarlo. Y sabemos que el estrés, el clima familiar y escolar, la alimentación, el estilo de vida, los microorganismos que albergamos en nuestro cuerpo (que son muchos y muy importantes) y todo aquello que sucede durante la gestación, el parto y la lactancia tienen mucho que ver con que tú y tus niños tengáis una mejor salud física, psicológica, emocional y social presente y futura.

No, la enfermedad no aparece por arte de magia. Del mismo modo, tampoco desaparece con un toque de varita mágica, una poción milagrosa o un simple fármaco. ¿La silenciará? Sí. ¿La calmará? También. ¿Te dará mejor calidad de vida? Sí, no, depende de lo que entiendas por calidad de vida. ¿Te curará? ¡No!

Existen varias hipótesis sobre los motivos por los cuales enfermamos. Una de las que adquirió más fuerza en el siglo XX, y que lo sigue haciendo en la actualidad, es la genética. Pero en realidad, y pese a que pueda resultarte extraño, los genes que traspasamos a nuestra descendencia no son la clave. Todo es un poco más complejo, la cuestión está en si están encendidos o apagados, en si funcionan bien o mal, y lo que más influye sobre ello es lo que nos rodea. Al entorno que moldea el funcionamiento de nuestros genes se le denomina epigenética.

Tu epigenética, lo que realmente termina decidiendo, en la mayoría de los casos, si tu cuerpo funciona bien o mal, si tienes salud o enfermedad, son los hábitos de vida: la alimentación, la actividad y el ejercicio físico, el descanso e incluso la forma como gestionas tus emociones, sí, es cierto, tu manera de expresar o reprimir las emociones también moldea tu salud física. En el día a día, los hábitos, la toma de decisiones, la forma en que afrontamos todo lo que acarrea vivir en una sociedad industrializada favorece, enlentece o impide la predisposición genética a enfermar.

Por otra parte, sabemos que casi siempre la enfermedad viene precedida de síntomas que no sabemos a qué achacar, o sí; que no estaban y aparecieron, y que los aceptamos como algo normal. Estos síntomas tienen una importante función de alarma que nos permite saber que algo no funciona bien, y que nuestro cuerpo nos pide cambios positivos.

Veámoslo con un ejemplo: salimos a cenar y comemos algo en mal estado, al llegar a casa empezamos con vómitos acompañados con diarrea que se prolongan durante toda la noche. Qué poco nos gusta esta situación, pero ¿es mala? ¿Es peligrosa esa diarrea? ¿Puede este síntoma tan desagradable aportarnos algún beneficio? No lo olvides, tu cuerpo se ha gestado durante miles de años de evolución y se ha perfeccionado adquiriendo, además, todas las herramientas posibles para asegurar su supervivencia. La diarrea es simplemente un síntoma, como la hinchazón de barriga después de una comilona, o como el dolor del bajo vientre antes de la menstruación, o como la alergia, el asma o la dermatitis de los pequeños; un síntoma que te avisa de que algo has hecho o algo has programado mal en tu cuerpo.

En esta ocasión, el cuerpo te avisa de que no debes volver a probar aquello que cenaste. Quizá la lógica y la comodidad hagan que quieras evitar una noche entera sentado en la taza del váter, y en lugar de dejar que tu cuerpo expulse aquello que lo está dañando, quieras tomar ese fármaco que te permitirá dormir. Pero ¿es la mejor opción? ¿Tiene tu cuerpo déficit de ese fármaco? Si te lo tomas, bloquearás los síntomas sin actuar sobre sus causas y sin tener en cuenta sus mecanismos de función.

Nuestro organismo se mantiene vivo y funcionando gracias a continuas reacciones químicas. Y estas reacciones químicas propias, normales, endógenas, son vitales para nuestra supervivencia. No así cuando aplicamos química exógena (fármacos) a nuestro cuerpo. El organismo tiene tantas interconexiones que al final todo se relaciona con todo, y deberíamos tener en cuenta que, aunque los fármacos salvaron, salvan y salvarán millones de vidas, y que con ellos podemos aumentar la esperanza de vida (la calidad de vida es otra cosa), con el *pack* del beneficio viene el perjuicio; es decir, los efectos secundarios, esos que matan a 15.000 personas al mes en todo el mundo.

Un ejemplo: el paracetamol, el medicamento por antonomasia para hacer frente al dolor, es un fármaco hepatotóxico, es decir, que daña el hígado. Así, por un lado, soluciona un síntoma, como puede ser el dolor de cabeza, el provocado por la menstruación o el dolor articular, pero por el otro tiene un efecto secundario que a veces resulta leve y a veces puede ser muy grave. Otro ejemplo: las alergias y los antihistamínicos. Estos últimos son el tratamiento habitual para tratar los casos de las alergias. Pero como ya hemos comentado, nosotros somos más de ir al fondo de la cuestión, de ir más allá del síntoma, y por ello nos surgen las dudas: ¿las alergias se deben a carencias de fármacos antihistamínicos? Si decidimos buscar el origen, deberíamos plantearnos que quizás el polen primaveral o los ácaros del polvo no sean los verdaderos culpables. Pero ¿qué dicen estos dos?, aunque lo iremos descubriendo, debes saber que en función de cómo sea la gestación y el parto, de si es posible o no la lactancia materna, de si se toman o no antibióticos y otros fármacos, o incluso de si mamá y el pequeño sufren o no estrés, el sistema inmune, lo que nos defiende, se programa mejor o peor, más o menos sano, con más o menos tendencia a enfermar. Y si pensamos que el 80 % del sistema inmune se encuentra en nuestros intestinos, podemos entender que de nuestro bienestar o malestar intestinal dependerán muchas cosas en nuestro organismo, no solo el dolor de tripa, el estreñimiento, la diarrea, las intolerancias alimentarias, etcétera; sorprendente.

Los puntos clave que explicarían el *boom* de las «-itis» comentadas, el *boom* de las enfermedades crónicas, el *boom* de las enfermedades no infecciosas y demás *booms* llegados con la occidentalización, se encuentran, en gran parte, en que cada vez hay más problemas durante la gestación, derivados, muchos de ellos, de malos hábitos de mamá (tabaco, estrés crónico, mala alimentación, mala hidratación, mal descanso, entre otros); en una escalada sin sentido del número de partos por cesárea y exageradamente medicados; en un abuso de las leches artificiales; en un escaso, inexistente a veces, contacto con la naturaleza, con otros niños, con animales; en una introducción de los alimentos en los bebés controlada por entes superiores (industrias y, en general, intereses económicos) más que por el sentido común y las necesidades reales; en una alimentación ya desde la infancia copada por productos refinados, envasados, desgrasados, fortificados..., ultraprocesados en general; en un exceso de higiene injustificado en muchos casos; en una clara falta de información, o aún peor, un aluvión de información intoxicada por los intereses de quienes de ello se benefician, rematados con el sobrediagnóstico de nuevas etiquetas como «atópico», «hiperactivo», «alérgico», «estreñido», etcétera; una suma de acontecimientos, vivencias y creencias infundadas que nos hacen llegar a pensar que realmente estar enfermo es normal.

Ante este panorama desolador, queremos animarte, hacerte descubrir que tu salud está en tus manos, que de ti depende tomar las riendas de tu salud y la de los tuyos. No aceptes sin dudar que tu hijo es atópico, o que tiene TDAH, o que es alérgico o que tiene dificultad para ir al baño. Sí, podrías aceptarlo sin más, y untarlo con pomadas, darle Concerta, antihistamínicos o laxantes. Puedes hacer eso y poner parches (fármacos) aquí y allá, o puedes escoger tomar decisiones con las que eliminar las etiquetas: analiza cómo fue el embarazo, qué hábitos tuviste, si hubo estrés durante el embarazo, el tipo de parto, de lactancia, el contexto emocional/estrés en los primeros meses de vida, la presencia de medicación durante la gestación, la lactancia y la infancia, o cuáles fueron los primeros alimentos sólidos. Analiza la situación actual: qué hay o qué apareció de nuevo en aquel momento en el que los síntomas aparecieron, ya sea físico, psicológico o social. No, claro que no es sencillo, pero más complicado no es sinónimo de imposible. Tu salud y su salud se pueden reprogramar. Y de eso va este libro, de entender los motivos por los que, a día de hoy, estar enfermo y medicarse parece lo normal cuando no lo es. De eso y de conocer las claves y las herramientas que están ahí, a nuestro alcance, y que nos permitirán reprogramar nuestra salud y la suya.

## 1.3. La programación de la salud

La Real Academia Española dice que programar es: «Idear y ordenar las acciones necesarias para realizar un proyecto». ¿Entonces, de dónde sale eso de programar la salud? ¿Acaso podemos idear y ordenar, estructurar o reestructurar nuestra salud como si de un proyecto se tratase? Pues sí, por norma general, podemos hacerlo. De hecho, con cada nueva gestación se inicia un nuevo proyecto: la programación de la salud presente y futura de una nueva vida.

Pero ¿cuándo empieza, dónde, cómo, qué beneficia, qué perjudica y qué influye sobre nuestro proyecto? ¿Qué determina que nuestro gran proyecto, nuestro cuerpo y su salud, sean buenos, seguros y duraderos? ¿Y si el proyecto inicial tiene fallos, podemos retocarlo, mejorarlo, hacerlo más fuerte, podemos reprogramarlo? Claro que podemos, de eso precisamente va este libro, de poner a tu alcance las herramientas para reprogramar tu salud y programar la suya.

## Todo empieza antes de nacer

El estrés crónico durante e incluso antes del embarazo al que muchas parejas se ven sometidas, la nutrición de mamá, la fisiología de la placenta, el tipo de parto, la toma continua, o puntual, de medicación, y tantos otros acontecimientos y factores que se dan en el entorno materno-infantil, el periodo de tiempo comprendido entre la gestación y hasta los tres primeros años de vida, marcarán la seguridad y la fortaleza de nuestro proyecto, especialmente la seguridad del sistema defensivo que nos protegerá a lo largo de nuestra vida. Asma, alergias, dermatitis, diabetes tipo 1 y tipo 2, obesidad, trastornos psiquiátricos y las dificultades para el aprendizaje son ejemplos de trastornos y enfermedades que pueden tener una base genética, pero lo más importante para que se manifiesten, o no, depende de cómo se realice la programación de nuestra salud.

Varias publicaciones definen los nueve meses de gestación como el periodo más importante de nuestra vida, que influye notoriamente tanto en las funciones del cerebro como en los sistemas orgánicos más importantes: el cardiovascular, el respiratorio, el endocrino, el musculoesquelético, el sistema nervioso central o el sistema inmune. Es más, incluso sobre el temperamento. Tal como cita el doctor Harald Lehnen en un estudio publicado en el año 2013: «Un embarazo exitoso no debe ser definido principalmente por el resultado en el nacimiento, sino también por el estado de salud en la edad adulta».

Pero, entonces, menuda responsabilidad para mamá. Bueno, es cierto: asumir que la salud presente y futura de su pequeño dependen en gran medida de cómo fue la estancia en el vientre materno supone una gran responsabilidad y puede resultar difícil de gestionar para mamá. Pero lo cierto es que es así. Por suerte, si aquellos primeros compases de la vida no fueron los ideales, mamás y papás, tú y nosotros, tenemos herramientas a nuestro alcance para mejorar, para reconstruir, para reprogramar su salud, y la tuya.

Queremos ayudarte a conseguirlo, a que comprendas cómo es posible llevar a cabo la (re)programación de forma exitosa, pero antes sentemos las bases desde donde partiremos. Prometemos no dejarnos engañar por la riada de información falaz, manipulada y dañina que nos ofrecen los medios de comunicación o, incluso más triste, determinadas recomendaciones oficiales realizadas o avaladas por sociedades científicas «serias y prestigiosas». Prometemos no respetar la «acientífica» pirámide alimentaria, prometemos no recomendar galletas malsanas y comestibles del estilo, aunque tengan forma de dinosaurio y estén avaladas por alguna sociedad científica. Prometemos no recomendarte leche y derivados, y mucho menos los productos ultraprocesados con o sin, que infestan los supermercados, prometemos intentar ser fieles al conocimiento científico actual, a la evolución y al sentido común.

En la década de 1980, el doctor David Barker, tras muchos años de investigación, propuso la hipótesis de los «orígenes del desarrollo de la salud y la enfermedad». Este médico y epidemiólogo de la Universidad de Southampton fue pionero en mostrar cómo la programación del futuro adulto ocurre en el útero. Por ejemplo, demostró que los niños que nacen con un peso demasiado bajo, menos de 2,49 kg, o demasiado alto, más de 4,30 kg, corren más riesgo de padecer enfermedad coronaria, hipertensión, accidente cerebrovascular y diabetes tipo 2 cuando son adultos.

El propio doctor Barker publicó en 2013 un artículo en el que hablaba del concepto de «programación» y explicaba que la nutrición de mamá durante el preembarazo, la vida fetal y la infancia moldean la función metabólica en el futuro adulto. El feto humano tiene una jerarquía de desarrollo. Así, por ejemplo, la energía de los bebés que nacen con bajo peso se destina, en primer lugar, al crecimiento del cerebro, dejando la reparación tisular en segundo o tercer lugar. Y esto, además de fisiológico, es tremendamente lógico: lo más importante va en primer lugar. Por su parte, mientras que el pulmón y el riñón tienen poca funcionalidad en el útero, son órganos que tienen un mayor riesgo de generar cualquier trastorno posterior si hay un déficit energético primario; es decir, la carencia de energía durante el embarazo puede traducirse en una mayor predisposición del bebé a enfermar.

En 1962 el doctor Robert McCance publicó en *The Lancet*: «El tamaño del feto alcanzado en el útero depende de los servicios que la madre es capaz de suministrarle. Se trata principalmente de la comida y el alojamiento»; es decir, de escoger e ingerir los alimentos adecuados y asegurar la salud del útero y la placenta durante el embarazo. Este sería el mejor regalo que se le puede dar a un hijo, la mejor forma de programar su salud y asegurarle una menor predisposición a enfermar.

Por ejemplo, la nutrición durante el embarazo define también la calidad de los huesos y el riesgo a padecer osteoporosis. En un estudio del año 2007, el doctor Rigo indicó que una disminución de la densidad mineral ósea en la infancia era un indicador fiable sobre el mayor riesgo de padecer fracturas en la vejez. Así que ya podemos olvidarnos de los continuos mensajes publicitarios que afirman que si comemos muchos yogures con suplemento de calcio tendremos unos huesos más fuertes, porque no es más que publicidad engañosa para vender más productos lácteos.

Es en el último trimestre de embarazo, y no con la mayor o menor ingesta de leche durante la adolescencia, cuando se programa cómo será la calidad de tus huesos en el futuro. Así que si llegado el día, desgraciadamente, padeces osteoporosis, es más que probable que no debas achacarlo al escaso consumo de lácteos, sino que seguramente el desencadenante se esconda tras un último trimestre de embarazo diferente al deseado, o en un parto complicado, o, en general, en todos los acontecimientos de vital importancia que se dan a lo largo de los primeros años de vida: quizá no tomaste suficiente el sol, o mamá no pudo alimentarse bien, o no tuvo o no tuviste una buena salud digestiva, tomaste antibióticos o te criaste con un nivel excesivo de limpieza. En fin, seguramente la programación de tus huesos no fue la mejor, y de aquellos polvos estos lodos.

No sabemos qué falló en tu programación, muchos son los factores que entran en juego, tanto físicos como psicológicos, tanto anteriores como posteriores al parto, muchos son los nutrientes o su carencia, también muchos los antinutrientes y los tóxicos que participan en la programación. Así pues, no sabemos qué falló exactamente, aunque podríamos adivinarlo tras una sesión repasando el camino recorrido desde que mamá y papá iniciaron tu camino. Pero tenemos la esperanza de que tú, por ti mismo, puedas descubrirlo con este libro y aplicarlo y programar la salud de los más pequeños de la forma más sana posible.

### El estilo de vida y la (re)programación

Podría parecer que después de leer este capítulo y de conocer mejor la hipótesis de los orígenes del desarrollo de la salud y la enfermedad no exista ninguna posibilidad para los bebés o las mamás que sufrieron estrés durante el embarazo, o para los bebés que nacieron con bajo peso o cuya mamá no pudo, quiso o supo alimentarse correctamente durante la gestación. Todo esto, como comprenderás después de todo lo explicado, no es bueno, pero la buena noticia es que tampoco es sinónimo de estar destinado a enfermar. Ahora bien, si tú o tu hijo no habéis tenido una programación de salud ideal, no creas que estáis condenados a padecer osteoporosis, malas digestiones, alergia o asma. Esa es la buena noticia: puedes actuar para remediarlo. Pero para ello debes prestar atención, tener más cuidado con tu salud, pues tu predisposición a enfermar es mayor. O, dicho de otra forma, en lugar de un coche nuevo y en perfecto estado, arrancamos nuestro viaje por un camino revirado, la vida, con un coche de segunda mano que va a requerir de más y mejor atención.

Un ejemplo: seguro que tienes una amiga que aguanta todo lo que le echen, una de esas personas que de pequeña ganaba todas las carreras, que destacaba en cualquier deporte y que apenas pisaba la consulta del médico; mientras que tu infancia estuvo marcada por la sensación de ahogo al correr, por episodios de otitis, faringitis, laringitis, apendicitis y otras «itis». Tu amiga, ahora, con unos cuantos años más encima, sigue esbelta y libre de arrugas, en invierno no se resfría pese a ir en manga corta, el alcohol y el café no le provocan acidez, ni resaca, ni dolor de cabeza, como lo que quiere y podría digerir hasta las piedras. Pues sí, es cierto, todos tenemos una amiga o un amigo que cumplen con este perfil. Seguramente su programación fue excelente, y eso, sumado a una genética de campeona, hacen que parezca una supermujer de otro planeta. En cambio, a ti, el alcohol, el café y el picante te provocan malestar solo con olerlos, en invierno pasas más días en casa recuperándote del catarro que trabajando y, además, todo lo que comes te engorda y hacer ejercicio te deja con dolores durante una semana. Y la cuestión es: ¿hagas lo que hagas, vas a tener que resignarte a tener una salud de pena? ¿Hay algo que pueda ayudarte a que tu salud sea mucho mejor que hasta la fecha? Y con los más pequeños, ¿podemos hacer algo para que su salud sea lo más parecida a la de ese niño que parece no enfermar nunca?

Pues sí, puedes, es más, seguramente debes. ¿Recuerdas que antes hemos hablado del gen y su entorno? Vimos que, por herencia genética, recibiste unas determinadas papeletas para padecer todos los problemas mencionados. Pero se trata de papeletas que, con empeño y voluntad, puedes cambiar por otras. Como dice Frits Muskiet, profesor de patofisiología en la Universidad de Groninga, en muchas de sus docencias: «*Epigenetics wins over genetics*», que traducido al español y en un idioma más nuestro significa que lo que rodea al gen gana al gen. Es decir, si tu amiga con una salud de hierro practica deporte, no fuma y descansa lo suficiente, es muy probable que mantenga una salud envidiable toda su vida. Del mismo modo, tú, que te pasaste media infancia de médico en médico, si decides alejarte de los fármacos, practicar ejercicio cada día, alimentarte a base de productos de calidad, descansar lo suficiente, vivir cerca de la naturaleza, cuidar tu salud emocional, apartar de tu vida a personas tóxicas, ser sincera con los demás y sobre todo contigo misma, si tomas estas decisiones, es altamente probable que silencies tu predisposición a enfermar y que despiertes y descubras lo que significa la salud física, emocional y social.

El organismo humano tiene una enorme capacidad de adaptación, de cambio y de mejora. Sí, el tuyo también. Y llevando un estilo de vida saludable y coherente con la evolución de nuestra especie puedes lograr modificar la programación de tu pequeño o la tuya. Y para ello tus mejores aliados serán: una buena gestión del estrés y una alimentación acorde con las necesidades reales de nuestra especie, sin manipulaciones ni engaños, sin productos procesados, pues por mucho que te los vendan como superalimentos, o como alimentos funcionales, lo cierto es que la fruta, las hortalizas, los huevos de calidad, la carne y el pescado coherentemente criados y alimentados, los frutos secos y las grasas saludables son los alimentos más funcionales que existen para mantener o recuperar la salud. Si respetas y pones en práctica estas premisas, estarás contribuyendo a que otro de los órganos necesarios para alcanzar, mantener o recuperar tu salud se programe correctamente. Quizá no la conozcas, pero pronto descubrirás la importancia de la microbiota intestinal.

# 2.
# Tres pilares básicos para una vida sana

## 2.1. Gestión del estrés

El estrés es una respuesta no específica del organismo ante cualquier demanda que se le imponga. Dicha respuesta puede ser de tipo psicológico (mental) o fisiológico (física u orgánica). La demanda se refiere a la causa del estrés (el estresor).

Según la literatura científica, el estrés implica cualquier factor que actúe interna o externamente al cual se hace difícil adaptarse y que induce un aumento en el esfuerzo por parte de la persona para mantener un estado de equilibrio dentro de él mismo y con su ambiente. Desde un punto de vista fisiológico, cualquiera de estos factores activa un sistema de alarma conocido como el «sistema nervioso simpático». Este sistema nos pone en alerta, activa nuestro modo supervivencia: hemos visto un peligro y tenemos que huir. Al cabo de unos minutos se pone en marcha un segundo sistema, el eje hipotálamo-hipófisis-glándula suprarrenal (HPA, del inglés *hypothalamic-pituitary-adrenal glands axis*), que servirá para controlar la supervivencia y poder recuperar la calma. Por tanto, cuanta mayor eficacia tengamos en el eje HPA, más eficacia en la huida y más rápido volveremos a nuestro punto de calma.

Así se define el estrés de una forma estructurada, rigurosa, fisiológica y científica. Pero nosotros te lo explicaremos de una manera más clara y práctica, más de tu día a día. Veamos, ¿tienes un trabajo que te motiva poco y por el que te cuesta levantarte cada día? ¿Lo haces a regañadientes, enfadado con el mundo y contigo mismo por no tener nada mejor? ¿Tienes pareja y no acabas de sentirte bien porque haces más de niñera que de pareja? ¿Necesitas un cigarrillo, un café, un dulce al levantarte o después de comer para poder hacerle frente al día, para afrontar la reunión o la comida familiar? ¿No eres capaz de expresar lo que sientes y tienes ese nudo en el estómago con el que te has resignado a vivir? ¿Tienes la necesidad de ir al baño cinco veces al día en modo metralleta? ¿O quizá todo lo contrario, vas al baño cada cinco días y, además, previa toma de laxantes o irritantes como el café? ¿No puedes disfrutar de un día sin hacer absolutamente nada porque en tu vida has aprendido que parar el ritmo, recapacitar, observar y disfrutar de la calma es malo, que lo correcto es hacer, hacer y hacer? ¿Tu trabajo es tu *hobby*, o al menos te resulta agradable, o en realidad el único motivo por el que trabajas es para ganar dinero y poder mantenerte a ti y a tu familia? ¿Cuántas veces al día miras el reloj deseando que llegue la hora del almuerzo, de la comida, del café con leche o de marcharte por fin a casa? ¿Tienes una «amiga» o «amigo» que solo te busca cuando tiene problemas, que te absorbe, que te pide, que te agota, pero es tu amiga de toda la vida y no puedes, no sabes aunque quieres, decirle que no puedes más, que no quieres escuchar más problemas, que ya tienes más que suficientes, a la que desearías pedirle que por una vez en la vida te escuche ella a ti? ¿Acabas de tener un hijo y tu madre o tu suegra o tus amigas te dicen cómo tienes que hacer las cosas, y eso te saca de quicio? ¿Tienes mastitis y te recomiendan dejar de dar el pecho, pero no quieres dejarlo por nada del mundo, pero no puedes más, pero no quieres dejarlo, pero…?

Si conoces, si padeces, si convives con algunas, varias o muchas de estas situaciones habitualmente, estás agotando tu capacidad de sobrevivir, estás ahogando los recursos energéticos para mantenerte sano, estás corriendo sin parar para huir del estrés, pero no consigues nada, porque has pasado de tener algún momento puntual de estrés a vivir con él. Tú, como gran parte de la población, estás sometido a un estrés crónico, y eso no es bueno ni para ti, ni para tu hijo ni para tu entorno.

¿Y en qué se traduce todo eso? ¿Cómo puedes identificarlo?: taquicardias, sudores fríos, diarrea o quizás estreñimiento, un apetito voraz generalmente por el dulce, o tal vez ni gota de hambre, sofocos, frío, incontinencia urinaria, dolor de cabeza que no sabes de dónde viene, resfriados constantes, noches en vela, mareo, cansancio crónico, dolor muscular, alteraciones menstruales, cólicos nefríticos constantes, ya ni siquiera tienes deseo sexual, simplemente se esfumó, no recuerdas la última vez que sentiste atracción por tu pareja u otra persona, mantener la concentración y lograr memorizar algo se ha convertido en una misión imposible o tienes tal grado de irritabilidad que no te soportas ni a ti mismo.

¿Qué nos dices, has sentido algunos de estos síntomas últimamente? Quizás estás tan habituado que ya forman parte de tu día a día. ¿Y qué hacer? Pues de nuevo, te toca decidir: resignación y enfermedad o rebeldía y salud.

Queremos animarte a lo segundo, a enfrentarte a ello, y para ayudarte te ofrecemos herramientas con las que (re) programar mejor la salud. Pero para eso primero necesitas comprender qué sucede en tu cuerpo, qué alteraciones generan esas situaciones de estrés en tu organismo, o, en palabras más técnicas, qué cambios neuroendocrinoinmunológicos estás experimentando; necesitamos que conozcas un poco mejor el eje del estrés, el eje HPA.

Ante cualquier situación de estrés, el cerebro, a través de su eje neuroendocrino HPA, produce una hormona llamada cortisol, la cual se encarga de asegurar nuestra supervivencia. De manera fisiológica, es decir, de forma natural, esta hormona cumple funciones importantísimas en todo el organismo, como las de activar una respuesta antiinflamatoria por parte del sistema inmunitario o la de llevar a cabo la maduración de los órganos, especialmente durante la gestación. Ahora bien, ¿qué sucede cuando el estrés es máximo y se produce cortisol de forma descontrolada? Pues que los efectos son contrarios a los deseados y dan lugar, a la inmunodepresión, es decir, un sistema inmunitario deficiente, o a la producción de cálculos renales por el exceso de trabajo al que sometemos al riñón, entre otras alteraciones.

Para que este eje pueda autorregularse se requiere de la acción de un núcleo cerebral llamado hipocampo. Este tiene la capacidad de frenar la producción de cortisol gracias a que posee muchos receptores que le informan del nivel de cortisol circulante. Si el nivel es muy alto, el hipocampo paraliza su producción. Es importante recordar el papel del hipocampo en la regulación del eje HPA, pues se trata de un mecanismo clave en la programación del estrés en el feto, y en la mejor o peor tolerancia al estrés. Pero ¿qué significa tener tolerancia al estrés? Muy sencillo: recuperar en tiempo récord el equilibrio después de una alarma. Y la capacidad de recuperar el equilibrio frente a los diferentes estresores se programa directamente en el útero, en el vientre materno. ¿Vemos de qué depende que un niño nazca estresado o no?

Los niveles de cortisol que pasan al feto son trece veces inferiores a los niveles presentes en la madre. Y todo ello gracias a su metabolización por la enzima 11beta-hidroxiesteroide deshidrogenasa tipo 2 (11β-HSD2).

El doctor Seckl y sus colaboradores, pioneros en el estudio de la función de esta enzima en la placenta, han evidenciado que una baja ingesta de proteína en el embarazo genera una mayor entrada de cortisol en la placenta. También tóxicos como el cadmio (tabaco), un ambiente inflamatorio, las infecciones y el estrés emocional sostenido de mamá conducen a padecer un déficit de la 11β-HSD2.

Por su parte, el doctor Reynolds, en el año 2001, puso de manifiesto que una hiperactivación del eje HPA durante el embarazo se relaciona con mayor presión arterial, resistencia a la insulina, intolerancia a la glucosa e hiperlipidemia. Es más, la deficiencia de la enzima 11β-HSD2, o, lo que es lo mismo, una mayor entrada de cortisol hacia el feto, se relaciona con alteraciones neurológicas. Por ejemplo, en un estudio publicado en *New England Journal of Medicine* en 2004, se mostraba mayor probabilidad de padecer las siguientes alteraciones por parte de los niños nacidos de mamás aquejadas de elevados niveles de estrés durante el embarazo:

• Reducción de la memoria visual, así como una mayor conducta de insociabilidad hacia los demás.
• Una conducta de evitación frente a la resolución de conflictos y problemas de comportamiento.
• Menor circunferencia de la cabeza.
• Disminución del coeficiente intelectual junto con disminución de otras funciones corticales.

A la vista de estas evidencias, no sería descabellado plantear que un bebé puede nacer estresado. ¿Te imaginas un feto nadando en el líquido amniótico dentro de mamá infestado de cortisol? Sí, un bebé puede nacer estresado. Y no acaba aquí la cosa: el doctor Peter Gluckman, pediatra de la Universidad de Auckland, demostró que las niñas durante cuya gestación mamá sufrió mucho estrés y, por tanto, había una elevada presencia de cortisol y gran actividad del eje HPA tenían mayor predisposición a tener la menstruación a edades más tempranas comparadas con niñas nacidas de embarazos sin estrés. Pero ¿por qué a mayor estrés, mayor precocidad de la menarquia? En el marco de la medicina evolutiva es lógico pensar en las dos leyes primordiales que rigen al ser humano: supervivencia y reproducción. Si he nacido en un ambiente de estrés (supervivencia), de acuerdo con estas leyes, más vale que sea capaz de reproducirme cuanto antes. Y esto tiene que suponer un beneficio enorme para la supervivencia de la especie. Tener la primera menstruación a los nueve o diez años tiene dos vertientes. Por un lado, implica el beneficio de perpetuación de la especie que acabamos de comentar. Pero, por otro lado, implica más años de producción de hormonas de proliferación, caso de las hormonas sexuales.

Seguramente en un ambiente cazador-recolector esto supondría una adaptación coherente en la que el beneficio es enorme: tener hijos cuanto antes para perpetuar la especie. En cambio, la vida en nuestro entorno, en un ambiente occidental caracterizado por un mundo de abundancia con productos con elevada densidad energética y donde, ya sea voluntaria o involuntariamente, hacemos todo lo posible para retrasar el momento de tener hijos, conllevará que los mecanismos para metabolizar todas las hormonas sexuales durante la vida fértil no funcionen del todo bien. Todas las hormonas que producimos, una vez que cumplen con su cometido, tienen que eliminarse, función que realiza mayoritariamente el hígado. Por tanto, necesitamos que este órgano funcione correctamente durante toda nuestra vida para eliminar, entre otros productos, las hormonas que vamos generando.

### (Re)programar el eje HPA, ¿es posible?

La programación del eje HPA, encargado de solventar el estrés, por lo que también recibe el nombre de eje de tolerancia al estrés en el feto, dependerá de que la enzima 11β-HSD2 funcione correctamente y deje pasar poco cortisol a la placenta. Si por cualquiera de los factores que hemos ido citando ese control no se lleva a cabo correctamente y la enzima no funciona a la perfección, estaremos dejando pasar un exceso de cortisol hacia el feto. La consecuencia de esta entrada masiva de cortisol a la placenta producirá una menor presencia de receptores de cortisol en el hipocampo del feto y, por tanto, este no podrá frenar la actividad del eje HPA en el futuro bebé.

En resumen, el estrés sostenido durante el embarazo provocará un ambiente fetal de supervivencia más que de tranquilidad y, consecuentemente, una mayor predisposición a nacer estresado, con todas las consecuencias ya citadas. Ahora bien, que mamá viva con mucho estrés durante el embarazo, ¿implica que en el 100 % de los casos se presenten todas las consecuencias citadas? ¿Podemos hacer algo para evitarlas? ¿El niño nacido de una mamá estresada será un niño enfermo toda la vida? ¿O se puede reprogramar?

Felizmente sí, la reprogramación es posible. ¿Y cómo lo hacemos? Fácil, muy fácil, se reprograma con amor, sí, con amor. Aquí el amor es el mejor tratamiento posible. Y es que no puede ser casualidad que el grueso de la comunidad científica esté completamente de acuerdo en que el contacto físico entre el bebé y la mamá sea un medicamento. Sí, el *skin to skin contact*, la piel con piel, el *kangaroo care*, el amor de mamá puede ¡REPROGRAMAR! los receptores de cortisol en el hipocampo.

Estamos hablando de hechos demostrados científicamente. El contacto piel con piel es una conducta innata en los mamíferos. Y la base neurobiológica del contacto piel con piel mamá-bebé es la reprogramación del eje del estrés en el bebé.

### El circuito de la recompensa

Cuando un niño tiene miedo o se asusta, la primera acción que despierta entre los adultos es abrazarlo. El abrazo, el contacto, el tacto nos calma, nos reconforta, nos recompensa. El ser humano, lo creamos o no, es un animal de contacto, como el resto de los animales. Y con el tacto nos comunicamos.

¿Y por qué contamos todo esto? Pues porque ahora toca hablar de un entramado de conexiones cerebrales llamado «circuito de la recompensa».

¿De qué se trata realmente el circuito de la recompensa? Este circuito recibe el nombre científico de «circuito meso-corticolímbico», puesto que une tres zonas del cerebro: el mesencéfalo, el sistema límbico y el córtex cerebral, específicamente la corteza prefrontal. En otras palabras, conecta tres zonas muy importantes de nuestro cerebro para sentir placer. La hormona que desempeña un papel clave en este entramado neurológico es la dopamina, también conocida como la hormona del placer, la motivación y el deseo. Es decir, que este circuito servirá para sentir placer frente a estímulos externos y, además, para aprender de ellos, y si son placenteros, para repetirlos cuantas más veces mejor, de ahí su conexión con la corteza cerebral. Pongamos un ejemplo: si me como una onza de chocolate con leche rico en azúcar, produzco dopamina en el mesencéfalo y conecto con el sistema emocional y con la parte racional dando como resultado una sensación de placer. Aprendo de ello, lo memorizo y trataré de repetirlo de nuevo, cuanto antes y cuanto más mejor.

El cerebro del ser humano actual tiene una evolución de miles de millones de años y, nos guste o no, aprendimos a reaccionar a los estímulos que teníamos antaño. En otras palabras, aunque nunca hayas visto un león, si te cruzases con uno en la sabana africana, seguro que echarías a correr. Pues bien, las recompensas que nos daban placer hace miles de años son las mismas que nuestro cuerpo reconoce y necesita en la actualidad. ¿Y cuáles son? El agua, la comida y el contacto físico, estas son las tres recompensas que denominamos naturales, y de estas el contacto físico, o su ausencia, es la más importante para nuestro primitivo circuito de la recompensa. Tan fácil, y tan difícil en un entorno como el nuestro, como saciar la sed con agua, el hambre con comida de verdad y el contacto físico con otras personas, pareja o no, en la edad adulta. Sí, un abrazo, un simple abrazo, una caricia…, el contacto, el amor, es lo que más nos recompensa, lo que más necesitamos.

## 2.2. La alimentación

### *Pirámides alimentarias, recomendaciones oficiales y mucho dinero en juego*

Nos pasamos el día comiendo o, cuando no, deseando hacerlo. Y estarás de acuerdo con nosotros en que muchos miles de millones de personas comiendo pueden suponer un gran negocio, ¿no crees? Si tú vendes leche y todo el mundo bebe un vaso de leche al día, ganas, exactamente, una tercera parte del dinero que ganarías si todo el mundo bebiera tres vasos al día. Y esto es extrapolable a cualquier sector industrial en el que pensemos. ¿Te imaginas que nadie bebiese Coca-Cola?, menuda ruina para la compañía. Así pues, no parece descabellado pensar que cada sector y cada compañía haga todo lo que esté en su mano para que los alimentos o productos que elabora se recomienden cuanto más mejor, incluso aunque no sean saludables. Pero, entonces, ¿qué sentido tiene? ¿Por qué hacen eso las empresas? ¿Por qué se lo permite la legislación? O, peor aún, ¿por qué lo avalan algunas sociedades científicas? Recuerda que hablamos de negocios, y, por norma general, lo más importante para un negocio es… ganar dinero.

Mientras unos dicen que debemos comer cinco veces al día, otros dicen que con tres, o incluso con dos, es suficiente. Algunos dicen que necesitamos tres raciones de leche o derivados al día, mientras que otros dicen que la única leche que has de beber es la de tu mamá. Después está lo de la pirámide alimentaria, avalada por sociedades científicas; la famosa pirámide donde los cereales deben ser la base de la alimentación y de la que forman parte el alcohol y las gominolas (las chuches), eso sí, solo de vez en cuando. Lo que quizá no sabes es que algunos defienden que esa pirámide no tiene ningún rigor científico y que recibe muchas presiones de sectores industriales y de compañías muy importantes para que nada cambie pase lo que pase, enferme quien enferme. Entre las reivindicaciones de este sector más crítico está defender que poner los cereales en la base, en lugar de las frutas y las verduras, es un insulto al conocimiento científico, al sentido común y a nuestra evolución, que el alcohol no debería aparecer en ningún tipo de recomendación oficial y que incluir los dulces en dicha representación es una burla a la salud pública. Por otro lado, seguro que ya sabes que es muy importante comer antes de hacer ejercicio, de lo contrario puedes sufrir una hipoglucemia, un desmayo o alguna cosa todavía peor. Pues fíjate que también en esto hay controversia, quizá no puedas creerlo, pero hay quienes se atreven a decir que hay que hacer ejercicio en ayunas. Al fin y al cabo, quién sabe, con tanta recomendación oficial y extraoficial, con tanta subvención y manipulación no hay quien se aclare.

Al final, las cuestiones que seguimos planteándonos muchos de nosotros son: ¿qué debo comer? ¿Cuántas veces? ¿Cuánta leche tengo que beber, y mi hijo? El pan, ¿engorda o no? ¿Cuántos huevos puedo comer? ¿Y lo del colesterol y los huevos? ¿Y lo de los pescados llenos de mercurio? ¿Qué hago, como o no como pescado? ¡Ah!, ¿y con la grasa, qué hago con eso, compro alimentos *light*, 0 %, o bajos en calorías, o me como los alimentos tal como los encuentro en su estado natural, incluso con toda la grasa que puedan contener? Y así, una duda tras otra, un día tras otro, hasta llegar a la triste realidad en la que nos encontramos y que debería hacernos recapacitar. Mientras que gran parte de la población se muere de hambre, otra parte de la misma población muere por enfermedades relacionadas con la obesidad, casi siempre fruto de una alimentación abundante en cantidad y pobre en calidad.

Seguramente tú, como nosotros, también estés harto de todo esto; unos dicen una cosa y otros justo lo contrario. Y, ¿sabes?, tienes toda la razón, hay un debate tan grande, tantas opiniones y tan diversas que, al final, ya no sabes quién tiene razón, quién es el bueno y quién el malo, quién vela por la salud de la población y quién por los intereses económicos de su empresa o de la empresa que lo subvenciona. Lo que es seguro es que «nada cambia si no cambias nada». Así pues, ¿te apuntas a darle la vuelta a la tortilla?

Quizá nosotros contribuyamos a alimentar este debate, quizá después de leer este libro todavía tengas más dudas o quizás empieces a dudar. Sí es así, lo celebramos. En cualquier caso, nuestra intención no es más que ayudarte a ti y a tu pequeño a (re)programar vuestra salud de la mejor manera posible, ofreciéndote unas pautas de alimentación y unas riquísimas recetas descritas en el último apartado. Para ello, vamos a exponer y explicar con detalle qué es, para nosotros, una alimentación coherente. Coherente con las necesidades reales de nuestra especie y con los alimentos que hemos evolucionado exitosamente, coherente con lo que nuestros abuelos comieron, coherente con nuestro estilo de vida actual, coherente con las necesidades de mamá y de su pequeño tanto en el embarazo como en los primeros años de vida y, cómo no, coherente con las necesidades de los microorganismos que albergamos en nuestros intestinos. Antes de todo ello, veamos dónde estamos y adónde vamos. Reconozcamos que nos equivocamos, aprendamos y corrijamos los errores. Volvamos a comer comida, recuperemos la esencia y los alimentos de nuestra especie y abandonemos el azúcar y los procesados.

## Nada en medicina tiene sentido si no es a la luz de la evolución

Antes de pasar a reconstruir nuestra alimentación, apartando de nuestra vista el azúcar y los procesados, nuestro sentido común nos pide dar una vuelta por la historia y conocer mejor el entorno en el que evolucionamos y forjamos nuestros genes, nuestros cuerpos y nuestra salud.

Aunque nos consideremos el centro del universo, los *Homo sapiens sapiens* (nosotros) somos, evolutivamente hablando, una especie recién llegada al planeta. Aun así, es común que para justificar ciertos hábitos alimenticios escuchemos aquello de «es bueno porque llevamos toda la vida comiéndolo, nuestros abuelos se alimentaban a base de esto». Del mismo modo, se suelen defender nuestros actuales y pésimos hábitos de vida aludiendo a que tenemos la mayor esperanza de vida de la historia y, por tanto, debemos estar haciendo las cosas bien. Veamos, pues, hasta qué punto estas justificaciones tienen, o no, sentido. Veamos de dónde venimos y adónde vamos.

El ser humano actual es la última versión del género *Homo*, concretamente somos los *Homo sapiens sapiens* y somos el resultado de miles de millones de años de evolución. Las funciones de nuestra maquinaria son consecuencia de las sucesivas adaptaciones de las especies que nos precedieron, concretamente, de hace unos diez millones de años, cuando iniciamos nuestro propio camino evolutivo.

En todo este tiempo apenas hemos modificado nuestro ADN o código genético. Lo que hemos modificado, y de qué manera, es el ambiente que nos rodea y nuestro estilo de vida.

Para dar explicación y solución a lo sucedido, a la escalada de enfermedades relacionadas con la alimentación que sufrimos, apostamos por apoyar nuestras afirmaciones y recomendaciones en la medicina evolutiva, para, a través de ella, entender cuál es la alimentación más sana y coherente para el ser humano actual.

Curiosamente, los profesionales que trabajan y conviven con animales, caso de veterinarios y rehabilitadores, estudian la evolución del animal para saber a qué tipo de alimentación está adaptada esa especie y, por tanto, qué debe comer y qué condiciones de habitabilidad y movimiento requiere. Por ejemplo, un gato es carnívoro y está adaptado a comer proteína animal. No come (o no debería comer) cereales, no necesita productos químicos para su limpieza y precisa espacio para moverse y árboles a los que trepar. Una vaca en libertad comería hierba, pero no comería cereales y legumbres como lo hacen la mayoría de las vacas estabuladas que producen la leche que consumimos.

Así pues, ¿no crees que sería más coherente que para diseñar nuestra alimentación, en lugar de ver qué nos ofrece la publicidad comercial, los expertos o los visionarios, pensáramos en qué alimentos han supuesto nuestro sustento a lo largo de la evolución? ¿O que tuviéramos en cuenta que del mismo modo que los gatos deben trepar, saltar y correr para cazar ratones, nosotros necesitamos recorrer largas distancias para encontrar agua y alimento, o que al menos trabajaríamos duro en el campo para sembrar y cosechar, y que escalaríamos árboles para recolectar fruta y miel? De hecho, simple y llanamente, si no hacías todo esto, si no te movías, ni comías ni bebías, morías.

Si observamos nuestra exitosa evolución, nosotros, los homínidos, hemos estado toda la vida en contacto con alimentos como las frutas, las verduras, los tubérculos, la carne y el pescado (como carroñeros o cazadores), los huevos, la miel y algunos frutos secos. Con toda la grasa, la glucosa y la fructosa que pudiesen naturalmente contener.

Setenta y seis mil generaciones de nuestra especie han basado su alimentación en este tipo de alimentos. Hace trescientas generaciones que apareció la agricultura y con ello el inicio del consumo de cereales y legumbres. Hace doscientas generaciones que se introdujeron los lácteos. Han transcurrido siete generaciones desde la llegada de la Revolución Industrial y con ella el inicio de la industrialización alimentaria, que dio paso a la agricultura y la ganadería intensiva y, en general, a la industrialización de todo el sistema productivo de nuestra comida. Aparecen los azúcares refinados, las grasas vegetales y adulteradas y, cómo no, los cereales refinados. Y para acabar de rizar el rizo, solo llevamos conviviendo cuatro generaciones (o menos) con los productos ultraprocesados y con la utilización de un número cada vez más variado de aditivos sintéticos de todo tipo. Es decir, de dos millones de años que tiene nuestra especie, solo en los últimos diez mil años (y especialmente en los últimos doscientos) hemos alterado y revolucionado nuestro ambiente, alimentación y estilo de vida de forma dramática. ¿¡Alarmistas!?, fíjate en cualquier estadística de sobrepeso, obesidad, diabetes, alergias, asma, dermatitis o TDAH de las últimas décadas; eso sí que es alarmante.

Querido lector, podrás intuir que en los últimos diez mil años no hemos tenido tiempo de adaptarnos a tantos cambios. No obstante es posible que hayamos conseguido adaptarnos al consumo de algunos cereales, no está del todo claro. A los lácteos de animales sanos puede que también (no todo el mundo, de eso no hay duda). Ahora bien, seguro que no nos hemos adaptado a los azúcares refinados, a las grasas vegetales adulteradas, a los cereales del desayuno, al pan actual (blanco, refinado, adulterado) que lleva una o dos generaciones con nosotros, y así un producto tras otro.

Es genética y fisiológicamente imposible que nuestros cuerpos estén adaptados y toleren la infinidad de productos procesados que infestan los supermercados desde hace apenas unas generaciones. O, dicho de otra forma, estamos totalmente adaptados y toleramos bien los alimentos de un ambiente propio del Paleolítico, en algún caso del Neolítico, pero no a los de la industrialización, que, por desgracia, son la mayoría de los que se consumen día a día, tanto por adultos como por niños.

Necesitamos comprender e integrar de dónde venimos y dónde estamos, pues estamos seguros de que así todos comprenderemos por qué vivimos en una sociedad enferma, obesogénica y a la vez desnutrida, en un mundo en el que cada vez hay mayores índices de cualquier tipo de enfermedad relacionada con la alimentación: unas promovidas por comer poco, otras por comer demasiado, la mayoría por comer productos que nuestro cuerpo no reconoce y casi todas relacionadas con una alteración de nuestra salud intestinal, especialmente por alterar los microorganismos que hospedamos. Vivimos en un mundo enfermo en el que los que pensamos y escribimos así somos los locos, los alternativos, los del lado oscuro o los que atentamos contra la salud pública, ¡manda narices!

### *¿Por qué comíamos, por qué comemos?*

En el libro *Teoría de la evolución en medicina*, el doctor José Enrique Campillo dice: «Los seres humanos somos hijos del hambre».

Nosotros, el género *Homo*, hemos pasado 1.990.000 años de nuestra evolución homínida padeciendo frío, hambre y penurias de todo tipo. Si nosotros estábamos hambrientos, no menos lo estarían los demás animales, así que podemos imaginar que nos tocó correr y trepar mucho para salvar la vida. Y en buena lógica, muchas veces huiríamos, cazaríamos o buscaríamos comida con el estómago vacío. ¿Ahora entiendes mejor por qué somos tan eficientes acumulando grasa en cualquier lugar de nuestro cuerpo? Piernas, nalgas, abdomen, pecho, brazos, cuello, cara…, ¡somos máquinas diseñadas para el engorde! El único problema es que también somos máquinas diseñadas para correr, trepar, huir, pasar hambre, frío, sed, etcétera. Seguramente comeríamos todo lo que podíamos cuando teníamos comida a nuestro alcance, y acumulábamos tanta grasa como podíamos, todo un seguro de vida para pasar largas temporadas sin probar bocado o recorrer largas distancias hasta encontrar el próximo. Y esa extraordinaria capacidad que nos permitió sobrevivir ahora nos hace enfermar y morir.

Aquellos que tenemos la suerte de vivir en lo que denominamos sociedades del bienestar sabemos que tenemos a nuestra entera disposición una gran cantidad de alimentos. Además, ya no tenemos que recorrer largas distancias para encontrarlos, ni siquiera debemos luchar para protegerlos ni trepar para comer algo dulce (miel y fruta). Pero no contentos con eso, y con la problemática que el sedentarismo ya supone para la salud, hemos transformado los alimentos en productos superfluos comestibles, capaces de mitigar el hambre, sobre todo nuestra hambre emocional, pues la fisiológica, el hambre de verdad, en la mayoría de los casos la hemos matado, igual que la sed.

¿Matado? ¿Por qué decís eso? Piénsalo un momento: ¿cuántas veces te apetece comer un dulce o un bocadillo de...? ¿Cuántas veces te mueres por un café con leche o un refresco? Dices que lo necesitas porque tienes hambre y sed, ¿cierto? Pero la cuestión es: ¿cualquier comida y bebida calmará tus ansias de comer y beber? ¿O tiene que ser eso, solo eso, justo lo que a ti te apetece? ¿No te sirve una jugosa pera madura y dulce, ni un delicioso plato de brócoli cocido, ni un vaso de agua o una deliciosa infusión digestiva? «No me vengas con tonterías, tengo hambre y con el día de perros que pasé ayer, la reunión que tengo dentro de un rato y lo mal que he dormido, lo que quiero es un bocadillo crujiente y sabroso, un trozo de pastel de chocolate y una buena taza de café con leche con dos azucarillos.» ¿Te suena esto? ¿Lo has vivido o lo vives habitualmente? ¿Y tu pequeño, se deja el plato de verdura encima de la mesa, juega un poco con el pollo sin comer nada, pero repite el postre? ¿Ni siquiera prueba el agua y, sin embargo, se bebe medio litro de zumo, de leche o de un refresco de cola? Porque si es así, lo sentimos, pero no tienes hambre, ni tú ni tu hijo. Lo que tenéis es apetito. Y en tal caso, lo mejor que podéis hacer es no comer. «¿Cómo, estáis locos? ¿Y mi hijo, que nunca quiere desayunar, va a estar toda la mañana sin comer nada, o sin merendar?» Exacto, eso es, si tienes hambre, comes, y si lo único que pasa es que te apetece algo, pues no comes, ni tus hijos tampoco. Y sí, aunque las recomendaciones oficiales digan que debemos comer cinco veces al día. De verdad, tranquilo, no lo hagas, no comas sin hambre, respeta y honra a tu fisiología, cuida a tu cuerpo y él te dirá cuándo comer y cuándo parar. Si constantemente tienes apetito, tú o tu hijo, lo que deberías hacer es averiguar el motivo por el que surge el apetito: ¿aburrido, estresado, mal descanso, desmotivado...? Sigue leyendo.

Vale, lo tenemos claro, saber cuándo comer o cuándo no comer, cuándo tienes hambre y cuándo apetito es relativamente sencillo. Pero ¿qué hay del órgano que controla todo esto? ¿Qué pasa en nuestro cerebro? ¿Qué despierta ese apetito y qué hace que nos cueste tanto controlarlo?

En el apartado sobre el estrés acabamos de explicar qué es, tanto metafórica como fisiológicamente, el circuito de la recompensa. Y siendo una realidad que comemos más por apetito que por hambre, la clave de todo esto, la solución, la reprogramación, no pasa por soportar el apetito, por castigarnos con dietas cada vez más restrictivas, ni por fustigarnos por saltarnos la dieta y acabar sucumbiendo a las ansias de pastel. No, la clave no está, o no únicamente, en cambiar la dieta. En nuestro organismo todo está interconectado y hablar de alimentación sin hablar de emoción, de autoaceptación, de autorrealización, de entorno, de sociedad, de juicios y prejuicios... es hablar por hablar. Claro que tienes que dejar de tomar ese tipo de alimentos, pero ¿pudiste, puedes, podrás? Si la respuesta a las dos primeras es no, responder a la tercera con un sí se antoja muy difícil. Difícil si no tienes en cuenta el circuito de la recompensa, si no encuentras qué carencias de recompensas naturales tienes en tu vida que te impulsan a buscar recompensas artificiales en alimentos y bebidas; difícil si no te paras a pensar, o no buscas a quien te ayude, en: ¿de qué quiero huir cuando me tomo mi café, me bebo mi cerveza o me fumo el cigarrillo? ¿Qué estoy haciendo que no me gusta nada, que no me recompensa? ¿Por qué no fui capaz de desayunar fruta y opté por el café azucarado con bollos? Y si tuviera otro trabajo, otra pareja..., si tomase decisiones que tengo pendientes, si le dejase claro a mi superior quién soy, qué opino y por dónde no vuelvo a pasar..., si apartase a esa persona de mi vida, familiar, amigo o compañero, que complica mi existencia..., ¿seguiría necesitando estas recompensas artificiales? Piénsalo, y si es así, te toca decidir, tomar decisiones, crecer, avanzar.

Bien, si ya has dedicado unos minutos a reflexionar sobre estas cuestiones, puedes haber llegado a dos conclusiones. Una, todo eso estaba bien, o dos, no, la verdad es que me gustaría cambiar muchas cosas en mi vida que son, para mí, mucho más importantes que la alimentación. ¡Pues hazlo! De lo contrario ni comerás bien ni tendrás salud. Y una vez que vuelvas a recuperar el rumbo de tu vida, será entonces cuando la alimentación cobrará el protagonismo, y eliminar el azúcar, los alimentos procesados y recuperar tu alimentación biológica será una prioridad real. Podrás volver a comer porque tienes hambre, a comer comida de verdad y a desear beber agua.

## Azúcar y procesados, inflamación y enfermedad
PROCESADO DE ALIMENTOS: ¿EVOLUCIÓN O INVOLUCIÓN?

Hemos hablado en repetidas ocasiones de los alimentos procesados o, como nosotros entendemos que deberían llamarse, de los «productos procesados». Normalmente, cuando se habla de procesados en un contexto de salud, se alude a estos de forma bastante despectiva, y así lo hacemos nosotros también. Pero hacerlo sin tener claro de qué hablamos es caer en una generalización errónea.

Todos tenemos más o menos claro que por «procesados» entendemos alimentos a los que se les han quitado partes o ingredientes para a continuación añadirles otros ingredientes y, seguramente, un arsenal de aditivos para que se mantengan comestibles durante más tiempo o que les confieran más sabor o que aumenten su valor nutricional. Productos que encontramos ya envasados y que en muchas ocasiones solo requieren de unos minutos en el horno o en el microondas para su consumo.

Pero ¿tan malo es procesar los alimentos? ¿Puede el procesamiento incrementar el riesgo de padecer enfermedades como la obesidad? Veamos con más detenimiento a qué nos referimos cuando hablamos de procesados, y por qué estos son perjudiciales.

Vamos a detallar qué es para nosotros un alimento procesado que merece ser tratado despectivamente, reduciendo e idealmente eliminando su ingesta. Para ello, vamos a utilizar algunos contenidos del informe elaborado por el Consejo Europeo de Información sobre la Alimentación (EUFIC) de junio de 2010, que se define como «una organización sin ánimo de lucro que proporciona información científica sobre la seguridad y la calidad alimentaria y la salud y la nutrición a los medios de comunicación, a los profesionales de la salud y la nutrición y a los educadores, de una forma que pueden entender los consumidores». Desde luego hemos de confesar que la forma en que el EUFIC «proporciona información científica sobre la seguridad y la calidad alimentaria y la salud y la nutrición» y la forma en que lo hacemos nosotros son tremendamente diferentes, sino opuestas. Nos queda la duda de si, además de «una organización sin ánimo de lucro», es una organización sin presiones ni conflictos de interés, pero sigamos.

«El término "alimentos procesados" se emplea con un cierto desprecio, sugiriendo que los alimentos procesados son de alguna manera inferiores a los no procesados. Sin embargo, hay que recordar que el procesado de alimentos se ha venido empleando durante siglos para conservar alimentos o, simplemente, para hacer que estos fueran comestibles. De hecho, el tratamiento se extiende a lo largo de toda la cadena alimentaria, desde la cosecha en la granja hasta las diferentes formas de preparación culinaria en el hogar, y facilita en gran medida el suministro de alimentos seguros a las poblaciones en todo el mundo.» Tienen toda la razón, necesitamos procesar la mayor parte de los alimentos para poder consumirlos.

«En la manufactura de alimentos a gran escala, el procesado implica la aplicación de principios científicos y tecnológicos específicos para conservar los alimentos, ralentizando o frenando los procesos naturales de degradación. También permite cambiar la calidad de los alimentos de consumo de forma que el proceso pueda llevarse a cabo de manera predecible y controlada. El procesado de alimentos también emplea el potencial creativo del procesador para que los productos básicos sin elaborar se transformen en alimentos atractivos y sabrosos, aportando una interesante variedad a las dietas de los consumidores. De no existir el procesado de alimentos no sería posible cubrir las necesidades de las modernas poblaciones urbanas, y el abanico de posibilidades en lo que a alimentos se refiere se vería reducido a los de temporada.» ¡Fatal! Ya nos extrañaba que todo fuese tan natural y coherente. ¿«Ralentizar o frenar procesos naturales»? Eso suena muy mal, muy artificial, muy necesitado de utilizar «principios científicos y tecnológicos». ¿«Cambiar la calidad de los alimentos»? ¿¡Perdón!? Si un alimento es saludable, se come, y si no lo es, no se come, y punto. Y si comes algo de mala calidad, debes saber que tienes muchas papeletas para enfermar, esté procesado o por procesar. Eso lo saben hasta los más pequeños. ¿«Emplear el potencial creativo del procesador para lograr alimentos atractivos y sabrosos»? ¿¡Cómo!? Esto va totalmente en contra de lo que llevamos páginas y páginas defendiendo. ¿Alimentos más atractivos y sabrosos? Los que escribieron esto debía hacer mucho tiempo que no tenían hambre de verdad.

«Los seres humanos han procesado los alimentos durante siglos. Nuestros antepasados empleaban sal para conservar la carne y el pescado, añadían hierbas y especias para mejorar el sabor de los alimentos, conservaban fruta en azúcar y elaboraban encurtidos con hortalizas introduciéndolas en una mezcla a base de vinagre.» ¡Genial! Podemos seguir procesando como nuestros antepasados, a excepción de la fruta con azúcar, que, por suerte, ahora encontramos fresca y sabrosa fácilmente.

«Los aditivos alimentarios se añaden para fines particulares, ya sea para garantizar la seguridad de los alimentos como para aumentar su valor nutricional o para mejorar su calidad. Desempeñan un importante papel en la conservación de la frescura, seguridad, sabor, aspecto y textura de los alimentos.» ¡No nos dejemos embaucar! Hoy en día la industria crea la necesidad de este tipo de productos, y es solo después de probarlos y experimentar con ellos una recompensa artificial, que posiblemente sustituya a una natural que no reciben, cuando los consumidores los exigen.

«Los antioxidantes evitan que las grasas y los aceites se vuelvan rancios, mientras que los emulsionantes impiden que la mantequilla de cacahuete se separe en componentes líquidos y sólidos. Los aditivos alimentarios mantienen el pan sin moho durante más tiempo y las mermeladas de fruta se gelifican para que puedan extenderse sobre el pan.» ¡No! ¡Basta de mentiras! ¡No más medias verdades! No debería preocuparnos que la mantequilla de cacahuete se separe o deje de hacerlo. Los estudios muestran que aditivos como los emulsionantes perjudican la salud intestinal y, por tanto, la salud en general. ¿Que mantienen el pan sin moho? Si hicieran el pan como se hacía hace cincuenta años, con masa madre y larga fermentación, aguantaría sin necesidad de ningún aditivo. De todas formas, es mucho más fácil: no compres pan blanco, de molde, con leche, bollitos, etcétera; de verdad, por tu salud, no comas pan altamente procesado. ¿Y lo de los aditivos que gelifican las mermeladas de frutas? Pero ¡si es facilísimo, come fruta entera!

Estos son algunos de los ejemplos a los que nosotros hacemos alusión cuando hablamos del perjuicio sobre la salud al consumir procesados. Elaboran mermeladas de frutas con nada más y nada menos que el 50 % de azúcar, que untamos en un pan blanco de molde que podemos tener almacenado un mes sin que aparezca moho. Eso no son alimentos, son productos.

Y para terminar de aclarar a qué hacemos referencia cuando hablamos de procesados y productos y por qué debemos seguir esforzándonos por destapar la manipulación de la industria, atentos al sexto punto del informe: «6. ¿Por qué son tan importantes los alimentos procesados para la sociedad moderna? Hoy es difícil observar una dieta a base de alimentos frescos o sin procesar exclusivamente. La mayor parte de las necesidades nutricionales de nuestras familias la cubren los alimentos procesados, que proporcionan a nuestra dieta variedad y nos proporcionan comodidad, dado que llevamos una vida muy ocupada. Los alimentos procesados permiten a los consumidores hacer la compra con menos frecuencia y almacenar una gran variedad de productos que pueden ser la base de una cocina variada y nutritiva». ¡Efectivamente! Tienen toda la razón. En este punto han sido fieles a la triste realidad.

El único pero es que existen enormes posibilidades de que quizás el hecho de que «la mayor parte de las necesidades nutricionales de nuestras familias la cubren los alimentos procesados», es decir, que no lo hacen ni las frutas ni las verduras frescas, ni los tubérculos, ni los frutos secos, ni los huevos, ni en general ningún tipo de alimento natural sin procesar, sea precisamente por culpa de que los procesados «nos proporcionan comodidad, dado que llevamos una vida muy ocupada» y nos permiten «almacenar una gran variedad de productos que pueden ser la base de una cocina variada y nutritiva». Quizás habernos alejado tanto de los alimentos naturales, frescos, de temporada, con los que coexistimos y con los que hemos llegado hasta aquí, para basar nuestra alimentación en procesados, quizás haber dejado de lado casi todo comportamiento propio de nuestra especie, haber dejado de movernos, de cazar, de sembrar, de recolectar, de correr y hasta de andar, quizá todo esto esté detrás del peor momento de salud pública mundial no provocado por un virus, ni por infecciones ni por desastres naturales.

A decir verdad, estamos seguros de que haber abandonado casi todo comportamiento y alimento propio de la especie humana, y basar nuestra alimentación en productos procesados, está detrás de la pandemia de obesidad que sufre la humanidad y de las enfermedades asociadas que cada vez son más prevalentes. Esas que hemos llamado las enfermedades de la civilización, ya sabes: cáncer, enfermedades cardiovasculares, diabetes, alergia, asma u osteoporosis, entre otras.

¿La solución? Puede que no hacer caso de las recomendaciones oficiales y rebelarnos contra un sistema manipulado y a merced de los deseos de las industrias sea, más que una opción, una necesidad para aquellos que deseamos vivir con salud y programar correctamente la salud de las nuevas generaciones.

## AZÚCAR, LA SUSTANCIA LEGAL Y COMESTIBLE MÁS ADICTIVA QUE EXISTE

Si hay un alimento que destaque por encima de todos a la hora de ofrecernos un subidón de dopamina, una placentera recompensa artificial, ese es el azúcar. Ese dulce veneno es la sustancia legal y comestible más adictiva que existe. En estudios con animales, se ha demostrado que es más adictiva que la cocaína. Lógicamente, no van a reproducir esos estudios en humanos. Pero ¿podrías pasar quince días sin probar el azúcar? No olvides que deberás excluir más del 80 % de los comestibles del súper. En el hipotético caso de conseguirlo, ¿crees que tendrías mono de azúcar? Nos atrevemos a afirmar que pasarías un auténtico mono de azúcar. ¿Y por qué? Pues porque nos pasamos el día, la semana, los años, la vida, ingiriendo azúcar.

Sacarosa, glucosa, dextrosa, fructosa, levulosa, azúcar invertido, jarabe de maíz, maltosa, maltodextrina, lactosa. ¿Has revisado las etiquetas de los productos que consumes cada día? ¡Hazlo! Están allí. Todos son ingredientes que podemos encontrar en la inmensa mayoría de los productos procesados y todos corresponden a alguna forma de azúcar. Lo sentimos, pero debes saber que si consumes habitualmente procesados, estás tomando grandes cantidades de azúcar. Da igual que sean dulces que salados, galletas o rosquilletas, cereales o jamón cocido, los productos procesados en la inmensa mayoría de los casos son ricos en azúcares.

¿Lo dudas? He aquí los ingredientes de un paquete de «jamón cocido extra» de los más vendidos en España: «Jamón, sal, dextrosa, azúcar, estabilizadores (E-450I, E-407), conservador (nitrito sódico), antioxidante (ascorbato sódico), especias, aromas, potenciador de sabor (E-621)»; pero ¡si yo solo quería jamón! Y no solo el jamón cocido, también las salsas, como la de tomate, el chocolate etiquetado como puro, los gusanitos, el pescado o la carne envasada. Uno tras otro, la gran mayoría de los procesados salados y amargos contienen azúcar en una o varias de sus formas. ¿Los procesados dulces? De esos mejor ni hablamos, son puro azúcar.

Pero ¿por qué tanta obsesión con el azúcar? ¿Tan malo es? Y qué pasa con los plátanos, ¿tienen mucho azúcar? Efectivamente, no todo el azúcar es igual. El plátano y otras frutas, así como algunas hortalizas, son ricas en azúcares. Ahora bien, es una insensatez andar preocupados por si el plátano, la uva o el melón tienen mucho o poco azúcar o si la patata y el boniato tienen muchos hidratos de carbono que acaban transformados en glucosa, o si el índice glucémico de la sandía es mayor o menor que el de las galletas. No, el problema de la pandemia mundial de obesidad, diabetes, hipertensión o aterosclerosis no se debe a comer muchas frutas con todo el azúcar natural que estas puedan contener. El problema real al que nos enfrentamos es que los azúcares se extraen, se refinan y se purifican a partir de alimentos como la caña de azúcar, la remolacha azucarera o el maíz. Para una vez refinado, consumirlo directa o indirectamente en cantidades que son incompatibles con la salud.

Pero ¿tan perjudicial es el consumo de azúcar? Veamos qué respuesta nos ofrecen los estudios científicos. Lo cierto es que son muchas las patologías asociadas al consumo de azúcares refinados. Consumirlo aumenta el riesgo de padecer hipertensión y enfermedades cardiovasculares, aumenta los niveles de estrógenos, aumenta el riesgo de osteoporosis, altera el sistema inmunitario, altera nuestra preciada microbiota intestinal, provoca hipoglucemias reaccionales (los típicos bajones a media mañana son por haber comido mucho azúcar, que no por comer poco o nada) y también producen dependencia, de igual forma que lo hace la cocaína y la marihuana, motivo por el que, como hemos comentado, nos resulta tan complicado decir adiós a este dulce «veneno». Y quizá lo más alarmante es que los azúcares en su conjunto son uno de los detonantes de la pandemia de obesidad que azota el mundo, con todos los trastornos asociados que conlleva, como la inflamación crónica de bajo grado que afecta a una enorme parte de la población. Un dato estremecedor es que a día de hoy,

España supera ya a Estados Unidos en obesidad infantil con un 19 % de niños obesos frente a un 16 % en Estados Unidos.

Y sí, seguramente también has escuchado que «comer tanto azúcar puede provocar cáncer». Quizás esta afirmación sea muy categórica, o quizá no. Aunque no hay conclusiones firmes que relacionen directamente el consumo de azúcares con el desarrollo del cáncer, sí que hay evidencias claras que relacionan sobrepeso y obesidad con el cáncer. La organización World Cancer Research concluye que el sobrepeso y la obesidad tienen una estrecha relación con el riesgo de padecer diez tipos de cáncer: hígado, próstata, ovario, vesícula biliar, riñón, colon, esófago, mama, páncreas y endometrio.

La Organización Mundial de la Salud recomienda no consumir más de 25 gramos de azúcar al día. ¿Y cuánto es eso? Unas cinco cucharaditas pequeñas. O, dicho de una forma más gráfica, una sola lata de refresco con azúcar, una Coca-Cola, por ejemplo, contiene el equivalente a unos cinco azucarillos de azúcar (35 gramos). Quizás acabas de decidir que no dejarás que tus hijos beban refrescos azucarados mientras comen. Pero ten en cuenta que esas bolsitas de gusanitos que tanto les gustan a los más pequeños también contienen azúcar, y mucho, hasta cinco azucarillos, 35 gramos, lo mismo que la cola. ¿Y los zumitos del desayuno, y el batido de cacao para después del cole, y el yogur bebible que tanto le gusta? Todos y cada uno de ellos contienen mucho azúcar. Y así, con ese suma y sigue constante, con cada procesado, con cada bocado, nuestra ingesta diaria de azúcar se dispara.

Claro que, de vez en cuando, podemos tomar algo de azúcar añadido. Disfrutar con algún producto procesado ocasionalmente no es un problema, ni va a provocarnos ninguna enfermedad. Es más, ya sabemos que hacer algún extra forma parte de la salud social. Pero seamos realistas, la inmensa mayoría de la población consume azúcar y procesados en cantidades industriales. Y eso es, de acuerdo con las investigaciones científicas sin conflictos de interés, incompatible con la salud.

## Mitos, mentiras y medias verdades en alimentación

Todo el mundo, con más o menos formación, con más o menos criterio, habla de alimentación. Además, en muchas ocasiones, posiblemente en la mayoría, los que más conflictos de interés tienen son los que acaban imponiendo las recomendaciones oficiales.

Hemos llegado a un punto en el que ni los propios profesionales de la salud nos ponemos de acuerdo en qué se entiende por una alimentación y un estilo de vida saludables. Hay, por así decirlo, diferentes creencias, tendencias o escuelas y, por supuesto, muchos intereses y presiones; no olvides que hay mucho dinero en juego. Y quien niegue esto o miente o no se entera de la misa la mitad.

Tras haber visto las escalofriantes cifras de obesidad y de patologías asociadas, vamos a conocer mejor el ambiente en el que evolucionamos y a comprender los intereses económicos que envuelven el mundo de la alimentación y la salud. Veamos algunos mitos, mentiras y medias verdades sobre los que se establecen las recomendaciones oficiales.

«LA LECHE FORTALECE LOS HUESOS.» ¿SEGURO?

El tema de la necesidad de consumir leche para tener unos huesos resistentes y para que los pequeños crezcan fuertes y sanos es un buen ejemplo de cómo el márquetin ha hecho fantásticamente bien su trabajo, y una muestra de cómo la utilización del miedo y del sentimiento de culpabilidad es un método de presión que da resultados extraordinarios.

La gran industria láctea, o más bien quienes de ella obtienen grandes beneficios, ha conseguido que un alimento no consumido durante millones de años de evolución ahora sea imprescindible para la salud de poblaciones, como la nuestra, sumidas en la abundancia.

A pesar de que se han hecho infinidad de estudios para intentar corroborar la hipótesis de que tomar más lácteos reduce las fracturas óseas, estos no han tenido éxito, más bien al contrario. En 2015, en una revisión sistemática y metaanálisis sobre este lucrativo tema, Tai y colaboradores concluyeron que el consumo de calcio, ya sea en forma de lácteos o suplementos, produce un pequeño aumento no progresivo de la densidad ósea, pero que, según los investigadores, es muy improbable que reduzca el riesgo de fracturas óseas en la población. Este estudio de estudios concluye: «Para la mayoría de las personas preocupadas por su densidad ósea, es poco probable que sea beneficioso aumentar la ingesta de calcio».

También se ha estudiado si un mayor consumo de lácteos durante la infancia/adolescencia se traduce en un menor riesgo de fracturas óseas durante la edad adulta. Y los resultados han sido, de nuevo, negativos. Que nuestros niños tomen más lácteos no asegura que sus huesos sean más fuertes de mayores. Palabra de estudio científico riguroso.

Así, la necesidad de tomar más y más calcio para tener unos huesos bien fuertes cuenta con el respaldo económico de quienes de ello se benefician económicamente, pero no con el respaldo científico.

Por otro lado, ¿los lácteos son sanos para el organismo humano? Veamos si logramos resolver o generar alguna duda sobre este pantanoso tema.

Los estamentos interesados han diseñado y puesto en el mercado un arsenal de lácteos ultraprocesados: tienes los «sin lactosa», para sentirte más ligero, o los «desnatados», para mantener el peso a raya, aunque en realidad esto sea un sinsentido, puesto que los estudios científicos repiten una y otra vez que la grasa láctea no aumenta el riesgo cardiovascular. No, señores, ni la lactosa ni la grasa es lo que se esconde en el lado oscuro de este líquido blanco tan promocionado y respaldado. Lo que permite el crecimiento rápido, muy rápido de los terneros, son las hormonas y las proteínas que contienen, que son los compuestos que conservan la leche y los derivados ultraprocesados que consume la población y que son, precisamente esos, proteínas y hormonas, los que la ciencia ha relacionado con el aumento del riesgo de algunos cánceres, como el de próstata, el aumento del riesgo cardiovascular, la resistencia a la insulina o la obesidad.

Pero ¿cuál es la realidad?, si es un sinsentido desnatar los lácteos, los azúcares son tan perniciosos y los edulcorantes no son mucho mejores, ¿qué encontramos en el supermercado?

¡Efectivamente!, todo lo contrario. Lo cierto es que los lácteos que más se anuncian y que suponemos que más triunfan en las cestas de la compra son los lácteos azucarados o edulcorados, eso sí, desnatados para luego enriquecerlos con omega 3 y con vitamina D, y que poseen un agradable sabor a fruta, aunque ni siquiera hayan olido una fruta para su fabricación. Los encontrarás con polvos de todos los colores y sabores: de fresa, de plátano, de piña, limón, chocolate, cereales, etcétera. Locos nos vuelven y nos dejamos volver, locos.

Pero, bueno, para eso estamos aquí, para intentar recuperar la cordura: un yogur natural de máxima calidad no necesita más de dos ingredientes: leche entera y fermentos lácticos. Todo lo demás exclúyelo de tu lista de la compra saludable, por mucho que en la etiqueta ponga 100 % o 200 % natural. ¿Has visto? Sencillísimo. Acabamos de librarte de tener que dar vueltas por la nevera de los productos lácteos a ver cuál es mejor.

Vale, bien, los lácteos no son necesarios e incluso parece que no son ideales para la fisiología humana. Pero ¿y el calcio?, ¿de dónde lo obtenemos? En primer lugar, más que preocuparnos por la ingesta, deberíamos preocuparnos por las pérdidas de calcio. Resulta que, aunque posiblemente esta parte se les haya olvidado en los anuncios de televisión y en las campañas publicitarias para fomentar su consumo, no se trata de añadir ladrillos a la construcción de nuestro gran edificio, el hueso. Se trata de asegurar que los ladrillos que entran a la zona de construcción no se dañen, no los roben y que lleguen a su lugar, al edificio, es decir, al hueso.

Una vez que logres evitar o minimizar las pérdidas, debes saber que hay otros factores para la construcción de un hueso fuerte y longevo que van más allá del calcio, otros minerales y vitaminas, sin olvidarnos del movimiento, que son tanto o más necesarios. Una vez que todo esto lo hagamos bien, necesitaremos ingerir menos calcio del que nos dicen las recomendaciones oficiales, con lo que conseguirlo a partir de fuentes realmente naturales será más fácil.

Traduzcamos todo esto a consejos prácticos:

- Aléjate de los azúcares refinados y de la sal refinada. Ambos roban y deterioran nuestros ladrillos, los minerales.
- Asegura una correcta digestión, nos nutrimos de lo que digerimos, no de lo que comemos. Protectores de estómago y antiácidos, cuantos menos, mejor. ¿Conoces el omeprazol, el esomeprazol, el lansoprazol o el Almax? Aléjate de ellos. Si tienes problemas intestinales, trata la causa, no el síntoma. Estos fármacos neutralizan la acidez de nuestro estómago, una acidez necesaria para la absorción de minerales.
- ¡Actividad física! A estas alturas ya no hay dudas: estamos diseñados para el movimiento y sin él enfermamos. Pues resulta que uno de los puntos más importantes por los que realizar actividad física es imprescindible se debe a que para tener unos huesos sanos y longevos necesitamos movernos. También es clave la exposición al sol, así que moverse al aire libre resulta lo más lógico lo mires por donde lo mires.

- Podemos obtener los minerales, y en especial el calcio, de las crucíferas (brócoli, coliflor, coles, etcétera). Para que te hagas una idea, teniendo en cuenta la absorción de calcio, un plato de brócoli nos aporta el mismo calcio que dos vasos de leche. También se pueden incluir semillas de sésamo tostadas y trituradas, ya que una sola cucharada sopera es equivalente a un vaso de leche en cuanto al calcio se refiere.

Así pues, no te dejes engañar, ni dejes que el miedo te haga alimentarte a ti y a tus hijos incluyendo lácteos cada día. Si te sientan bien y quieres tomarlos, tómalos por placer, pero no por miedo, ni por ser un alimento insustituible. Y para terminar, debes saber que las recomendaciones oficiales de ingesta de calcio parecen estar sobreestimadas, al menos eso es lo que afirmaron los doctores David Ludwig y Walter Willett, dos reputados investigadores de la Escuela de Salud Pública de Harvard más respetados del mundo. No caigas en la trampa.

«LA GRASA ES MALA Y EL AGUACATE ENGORDA.»
¡NO ME MIENTAS, POR FAVOR!

Igual que hubo un día en el que te enteraste de que los bebés no venían de París en el pico de una cigüeña, ni que los Reyes Magos llegan cada 6 de enero desde Oriente a lomos de sus camellos, ha llegado el día, si es que no te lo habían contado todavía, de descubrir que ni las grasas son malas ni el aguacate ni los alimentos ricos en grasa, como los frutos secos o el aceite de oliva, son los responsables del sobrepeso o la obesidad. Y, muy importante, ya es hora de que tengas claro que los huevos no elevan tu colesterol «malo» y que puedes comerlos cuando quieras, sí, cuando quieras, y con yema y todo.

Antes de empezar vamos a diferenciar, sin entrar en detalles bioquímicos, de qué estamos hablamos. Por un lado, las grasas saturadas son sólidas a temperatura ambiente, son resistentes a la oxidación, forman la mayor parte de la grasa de nuestro cuerpo y las encontramos en alimentos como la grasa de coco o de palma, la grasa de algunos animales y en los lácteos. Por otro lado, las grasas insaturadas tienen una consistencia aceitosa a temperatura ambiente, son susceptibles de oxidarse y algunas de ellas tienen importantes funciones en nuestro organismo. Se encuentran en el aceite de oliva, los frutos secos, las semillas, el aguacate y el pescado azul, entre otros. Pero adentrémonos un poco más en este gran mundo graso.

Es posible que hayas escuchado alguna vez aquello de «las grasas saturadas son malas y las insaturadas buenas». Permítenos, una vez más, que seamos críticos ante aquello que se ha dicho «toda la vida». Tenemos una cierta tendencia a generalizar, aunque con frecuencia nos lleve a errar. No toda la grasa saturada es mala, y pese a que durante años nos hayan insistido en la estrecha relación de las grasas saturadas con la enfermedad, lo cierto es que esto no es así.

En el mundo de las grasas saturadas, cada una tiene sus peculiaridades, sus lugares (alimentos) preferidos donde cobijarse. En la grasa presente en alimentos de origen animal abunda el ácido palmítico; en la grasa de coco, el ácido láurico; en el aceite de palma, el ácido palmítico, y en la grasa del cacao, los ácidos palmítico y esteárico. De entre estos ácidos grasos, los hay más largos y más cortos. Es cierto que, aquí, el tamaño importa, y que dos de los más largos, el mirístico y el palmítico, aumentan el colesterol «malo». Pero ¿qué pasa si decimos que el más largo de todos, el esteárico, no aumenta el colesterol «malo»? No obstante, incluso cayendo en el error de la generalización, la grasa saturada *per se* no es mala para la salud cardiovascular ni se relaciona con un mayor riesgo de padecer diabetes.

Al final volvemos a lo de siempre, el tipo de grasa es importante, pero lo todavía más importante es la calidad del alimento que ingerimos y en el que se cobijan esas grasas. Por ejemplo, no es lo mismo aceite de coco virgen que refinado, ni es lo mismo la grasa de una vaca estabulada y, además, alimentada a base de cereales y legumbres que la misma grasa procedente de una vaca que puede moverse libremente y come aquello para lo que la evolución la diseñó: hierba.

## LOS OMEGA 3 Y LOS OMEGA 6, LOS MÁS FAMOSOS DE LA PELÍCULA

¿Por qué tan famosos? ¿Por qué tanta insistencia en consumir suficiente omega 3? ¿Por qué se venden huevos o leche enriquecidos con omega 3? ¿Tan importante es? Bueno, sí y no, como siempre, no es oro todo lo que reluce.

De todos los ácidos grasos que componen las grasas de los alimentos solo hay dos que son esenciales, es decir, que necesitamos consumirlos a través de la dieta. Estos son los ácidos grasos omega 3 y omega 6. Desde que numerosos estudios observaron que la población tenía una baja ingesta y unos niveles bajos de omega 3, y dada la importancia que se vio en la prevención de patologías como la enfermedad cardiovascular o las enfermedades neurológicas, se aconsejó aumentar el consumo de omega 3. Pero, claro, siempre está el avispado que ve negocio por todos lados. Y pensó: «¿Y si introducimos el omega 3 en galletitas, potitos, leche y yogures? Si dicen que el omega 3 es bueno, seguro que la gente pica y compra más». Y así fue. Otra victoria para el márquetin y una nueva derrota para el sentido común.

Efectivamente, hay que consumir omega 3 de forma habitual, especialmente las mujeres embarazadas o en periodo de lactancia. Pero hay que consumir un omega 3 de calidad, y en un alimento de calidad. ¿Que qué significa esto? Veámoslo: cuando hablamos de tomar un omega 3 de calidad nos referimos a que no todos son iguales. Quizás has oído que las semillas de chía o las semillas de lino o incluso las nueces tienen una gran cantidad de omega 3. Sí, es cierto, y es muy sano y nosotros recomendamos tomar estos alimentos, pero no lo hacemos por su aporte de omega 3. Lo que estos alimentos contienen no es lo que necesitan nuestras células. Estos alimentos nos aportan ácido alfa-linolénico, pero, aunque en teoría podríamos convertirlo en ácido eicosapentaenoico (EPA) y ácido docosahexaenoico (DHA), los verdaderos omega 3 de calidad, en la práctica esta transformación es casi despreciable. Por tanto, el omega 3 de calidad es el EPA y el DHA, que se encuentran principalmente en el pescado azul.

Y decimos que el omega 3 debe encontrarse en un alimento de calidad porque siempre hay que valorar el alimento en su conjunto. El EPA y el DHA se encuentran en el pescado azul, en algunos mariscos y en la carne de ternera, pero ¡de calidad!, y también en algunas microalgas. Consumir cualquier tipo de pescado no es suficiente. Para asegurarte de que lo estás haciendo bien, compra pescado azul que solo sea de pequeño tamaño, como los boquerones, las sardinas, el arenque, la caballa o el jurel, y evita el consumo de los pescados más grandes, como el atún rojo o el salmón; con ello evitarás en gran medida el consumo de tóxicos. Del mismo modo, consume ternera que haya comido hierba y forraje. Si se ha alimentado a base de cereales y legumbres (la inmensa mayoría de la existente en superficies comerciales y restaurantes), no la compres, no la comas, no la pidas en el menú.

¿Y qué pasa con el omega 6? ¿Es bueno o malo? Pues, como casi siempre, depende. Por lo general, es un ácido graso presente en frutos secos y semillas, pero también está presente en cantidades enormes en los aceites refinados que se utilizan en todos los productos procesados del mercado (aceites de soja, maíz, algodón, etcétera). De los diferentes ácidos grasos omega 6, el que ha suscitado mayor polémica es el llamado ácido linoleico. El doctor Joseph Hibbeln, investigador del Instituto Nacional de Salud de Maryland, afirmó en un estudio del año 2006: «El consumo elevado de ácido linoleico que se ha registrado en las últimas décadas se ha relacionado con el aumento de las enfermedades inflamatorias, como el asma, con la obesidad, la diabetes tipo 2, el síndrome metabólico y con patologías autoinmunes como la artritis reumatoide». Mientras que en un metaanálisis llevado a cabo en 2013, Ramsden y colaboradores concluyen: «Sustituir grasas saturadas por ácido linoleico no tiene ningún beneficio cardiovascular, al contrario, aumenta el riesgo de muerte por enfermedades coronarias y cardiovasculares».

Por lo tanto, volvemos a nuestro punto de partida cuando hablamos de alimentación y nutrientes. Lo más importante es la calidad del producto, el nivel de adulteración que ha sufrido por parte de la industria y observar si ese fue un alimento muy, poco o nada consumido por nuestros ancestros. No es lo mismo el omega 6 presente en frutos secos como avellanas y almendras, o en unas semillas de sésamo, calabaza, girasol o chía, que el que encontramos en la multitud de aceites vegetales refinados que se utilizan para elaborar los productos malsanos, aunque comestibles, que infestan los supermercados (aceites refinados de soja, de maíz, de girasol, de colza, de algodón, etcétera). Recuerda: si quieres aportar ácidos grasos omega 3 de calidad y mantener el equilibrio entre los 3 y los 6, come alimentos poco o nada procesados, opta por pescado azul pequeño y salvaje y olvídate de los omegas.

LAS GRASAS TRANS, HASTA SU NOMBRE ASUSTA
Quizás alguna vez te hayas preguntado: ¿qué son las grasas trans?, esas que los profesionales de la salud (algunos) advierten de que son muy dañinas para la salud. Vamos a darles un

repaso y ver qué son, hasta qué punto son tan malas como dicen y dónde se encuentran. Como su nombre indica, casi todas son grasas transformadas, y eso suena mal. Se forman durante el procesamiento y la transformación industrial de los alimentos, a pesar de que, en realidad, deben el nombre «trans» a la forma química en la que se encuentran. Se trata de una forma diferente a la natural, por lo que puedes sospechar que, de bueno, nada.

¿Dónde se encuentran? Cuando leas alguna etiqueta que indique entre sus ingredientes «aceite parcialmente hidrogenado», ahí están esos enemigos de tu salud. Suelen ser margarinas, galletas, palomitas, patatas fritas, bollitos, pasteles, gusanitos y demás productos. También se encuentran en aceites procesados sometidos a elevadas temperaturas. Por ejemplo, los aceites de las churrerías, que serían algo así como piscinas de grasas trans. Por tu salud y la suya, elimina de tu alimentación todos esos productos y evita las frituras de churrerías, bares y restaurantes.

El consumo de grasas transformadas eleva de forma muy significativa el riesgo de padecer enfermedades cardiovasculares, así como alteraciones metabólicas varias. Tanto es así que la Food and Drug Administration (FDA) de Estados Unidos, en junio de 2015, y después de tantos años de manga ancha, emitió un comunicado en el que advirtió que se prohibirá el uso de aceites parcialmente hidrogenados en la elaboración de alimentos en un plazo máximo de tres años.

¡Ah! Un apunte importante. No hay que confundir el efecto perjudicial de estas grasas trans de las que hemos hablado con las grasas trans presentes de forma natural en la carne y en la leche de los animales rumiantes. En este último caso, se trata de ácidos grasos muy concretos, como el ácido linoleico conjugado, que ha demostrado tener potentes efectos beneficiosos sobre la inflamación. En resumen, procesados, fritos y recalentados no, alimentos frescos de calidad sí.

ENTONCES, ¿CUÁL ES LA GRASA BUENA Y LA GRASA MALA?
Hay grasas necesarias y beneficiosas y hay grasas no solo innecesarias, sino también tremendamente perjudiciales. ¿Cómo diferenciarlas? En el mundo real, lejos de la ciencia tan analítica, los alimentos tienen mucho más que moléculas y, como ya sabes, comemos alimentos, no moléculas. Comemos alimentos, no nutrientes. Frutos secos y semillas, aguacate, pescado azul de pequeño tamaño y salvaje, aceite de oliva virgen prensado en frío, aceite de coco virgen o carne de animales criados según sus necesidades fisiológicas son ejemplos de grasas buenas. ¡Perdón! Son ejemplos de alimentos saludables para el ser humano. Luego, comer o no comer unos u otros dependerá de los usos, las costumbres y las elecciones personales, así como de las posibilidades económicas de cada uno.

En el polo opuesto, en el de los alimentos ricos en grasas malas, se sitúan los aceites refinados, hidrogenados (parcial o totalmente) o calentados, carne de animales criados en pésimas condiciones (la mayoría disponible), pescados de piscifactoría alimentados con piensos (también la mayoría disponible), etcétera. Todos esos procesados que encuentras en el súper, y todos esos animales criados en condiciones antinaturales y alimentados con productos que nunca habrían consumido en libertad, son perjudiciales para tu salud. Pero en realidad no es solo por el tipo de grasa (es lo de menos), lo peor son los tóxicos que les acompañan (en el caso de los productos de origen animal) y la aparición de compuestos oxidados y de grasas trans, así como la eliminación durante el procesamiento de sus compañeros antioxidantes (en el caso de los aceites refinados y procesados), que son los que más podrían favorecernos.

Al final, todo se resume en ¡come comida! Deja de lado los productos procesados que copan las estanterías de los supermercados, que perjudican seriamente tu salud, independientemente de si tienen omega 3, 6 o 16. En lugar de estos, come alimentos de verdad, sin procesar, con todas sus grasas saturadas o por saturar, largas o cortas, y de origen animal o vegetal.

### LOS HUEVOS Y EL COLESTEROL: NOS LA COLARON

El miedo a las enfermedades cardiovasculares está presente entre la mayor parte de la población. Es lógico asociar ese miedo a los niveles de colesterol con la ingesta de alimentos ricos en colesterol, caso de mariscos y huevos. Y siguiendo con la lógica, pues, sería de esperar que a más ingesta de colesterol, mayores niveles de colesterol sanguíneo, y a menos consumo de marisco y huevo, entre otros, menos colesterol. Pero con esta reflexión de ir por casa que tanto beneficia a las industrias farmacéuticas nos dejamos muchas cosas por el camino. Ya de entrada, cuando se habla de «colesterol en sangre» estamos siendo extremadamente simplistas. Incluso lo somos cuando hablamos de «colesterol bueno» y «colesterol malo». Pero en ese campo no profundizaremos, porque lo que realmente nos interesa ahora es responder a: ¿son malos los alimentos ricos en colesterol? ¿Es malo el huevo? Y su deliciosa yema, ¿puedo comerla?

Para situarnos y entender el miedo irracional que hay ante el consumo de alimentos ricos en colesterol, te contaré la historia que se esconde detrás de la idea de que no se deben comer más de dos o tres huevos a la semana, te suena, ¿verdad? Érase una vez una gran familia de conejos a la que separaron en tres grupos. Un grupo de conejos fue alimentado a base de clara de huevo, a otro grupo se le alimentó con yema de huevo y finalmente otro recibió una dieta a base de pollo. El grupo de conejos alimentados con yema de huevo (lo que más colesterol contiene) empezó a desarrollar aterosclerosis, las arterias empezaron a funcionar mal y los conejos enfermaron. Y colorín colorado, este cuento se ha acabado. El colesterol provoca aterosclerosis.

¿Te ha gustado? Un poco breve y simple, ¿verdad? En realidad, no es un cuento, es un estudio científico del año 1910 que dio paso a situar el colesterol de la dieta al frente de las enfermedades cardiovasculares. Y a partir de ahí, una histórica y creciente criminalización de la yema de huevo. Quizás estés pensando: «Pero si los conejos son vegetarianos, qué sentido tiene probar con ellos productos animales que nunca comerían en libertad». ¡Enhorabuena, tienes toda la razón! Has caído en un detalle que ellos no vieron o no quisieron ver. Y yendo un paso más allá, ¿qué sentido tiene extrapolar el resultado de esta investigación a animales que sí que han comido y comen huevo? Como es el caso de los seres humanos. ¿Qué oscuros intereses pueden estar detrás de tal aberrante e insultante extrapolación?

Los conejos enfermaron porque comieron algo que nunca habían comido. No estaban diseñados para tolerar ese alimento y, al comerlo, enfermaron. Mientras que nosotros somos una especie animal que jamás a lo largo de nuestra evolución hemos comido los productos procesados que llenan nuestras cestas de la compra, ni tampoco la leche, los cereales y las legumbres tal como las encontramos hoy en día en nuestros platos: seleccionadas y modificadas genéticamente, refinadas y envasadas para calentar y listo. Al igual que los conejos del cuento, cuando empezamos a comer estos «alimentos» para cuyo consumo ninguna especie animal (tampoco la nuestra) está genéticamente preparada, empezamos a enfermar (metainflamación, obesidad, hipertensión, hipercolesterolemia, diabetes, alergia, asma, colon irritable, etcétera). Durante décadas hemos sido conejillos de laboratorio al servicio de la industria farmacéutica y alimentaria.

Volviendo al cuento de los conejos y los estudios científicos mal realizados y peor interpretados, al cabo de los años estudios epidemiológicos, como el estudio Framingham, fueron estableciendo una relación casusa-efecto errónea entre un mayor consumo de colesterol dietético y de grasas saturadas con un mayor riesgo de enfermedad cardiovascular. Paralelamente, la industria alimentaria aprovechó la situación de pánico a las grasas entre la población para lanzar al mercado miles de productos bajos en grasa y en colesterol. ¿Te suenan? Seguro que sí, inundan las estanterías, en sus etiquetas puedes leer *light*, 0 %, desnatado, sin o bajo en grasa, sin o bajo en colesterol, etcétera. ¿El resultado? Cada vez más ventas de productos bajos en grasa y cada vez más muertes por enfermedades cardiovasculares. ¡Un fracaso absoluto!

Y ahora ¿qué te parece si aparcamos las leyendas, los errores bien o mal intencionados, y los intereses y nos centramos en la realidad? Por suerte, ya tenemos estudios de intervención en humanos. Fuller y sus compañeros mostraron en el año 2015 que el consumo de tres huevos al día durante tres meses en pacientes afectados por diabetes tipo 2 no alteraba los marcadores del riesgo cardiovascular. Para colmo, en otro estudio del año 2013, Blesso y sus colaboradores observaron que el consumo de dos huevos al día durante tres meses en pacientes con un elevado riesgo cardiovascular no solo no empeoraba, sino que mejoraba dichos marcadores. Es más, nos atreveríamos a decir que el huevo es un tesoro alimentario, sobre todo la yema. Sabemos que quizás te cuesta creer esto que te decimos, que son muchos años escuchando la cantinela de no más de dos o tres huevos a la semana, pero, por favor, créenos, la yema es la principal fuente de fosfolípidos (fosfatidilcolina y esfingomielina), compuestos vitales para el correcto desarrollo del sistema nervioso. También se ha observado que pueden ayudar al control de la inflamación, así como en el metabolismo del colesterol. ¡Qué paradoja! Además de los fosfolípidos (lípidos unidos a fósforo), también la fracción proteica parece interesante: tras la digestión de las proteínas quedan trozos de proteínas llamados péptidos que pueden ejercer efectos positivos sobre las enfermedades cardiovasculares, así como sobre los sistemas endocrino, nervioso e inmunitario.

Querido lector, una vez llegados a este punto, debemos dejar zanjado el tema de los huevos. Comer huevos NO sube los niveles de colesterol y NO aumenta el riesgo cardiovascular, a no ser que los huevos estén fritos en aceites vegetales refinados, acompañados de patatas fritas en este mismo aceite o con una buena dosis de pan blanco y productos procesados y malsanos.

Quizás, ahora, tras haber revisado y descubierto lo que dice la ciencia sobre los huevos te esté rondando la cabeza la pregunta: ¿entonces, puedo comer todos los huevos que quiera sin ningún miramiento?, y la respuesta es: NO. A ver si ahora nos volvemos locos comiendo todos los días media docena de huevos pensando que son la píldora de la longevidad y que todo lo cura. Lo primero, el huevo debe ser de buena calidad, es decir, ecológico (o de confianza), con el número 0 al inicio del código que tienen en la cáscara. Lo segundo, no lo estropees en la cocina; hay vida más allá del huevo frito. Puedes hacerlo a la plancha (con unas gotas de aceite), pasado por agua, poché, revuelto, en tortilla, etcétera. Y lo tercero, no lo acompañes con patatas fritas, pan o arroz blanco, mejor acompáñalo con unas verduras o tubérculos sin frituras. Y después de estos breves pero importantes matices, SÍ, puedes comer huevos sin preocuparte por tus niveles de colesterol y tu salud cardiovascular. Los estudios dicen que dos o tres huevos AL DÍA no empeoran la salud, más bien al contrario.

¿LA CARNE ES MALA? DEPENDE. DIFERENCIAS
ENTRE LA TERNERA ALIMENTADA CON FORRAJE
O CON CEREALES Y LEGUMBRES

La carne de ternera que puedes comprar en la inmensa mayoría de los supermercados se ha alimentado a base de maíz y soja, casi siempre transgénicos. Es un dato que impacta bastante, pues de pequeños aprendimos que la vaca es un animal herbívoro y, por tanto, fisiológicamente debería comer forraje. ¿Hasta qué punto influye esto en la carne que consumes?

Una de las principales diferencias entre los distintos tipos de carne en función de su alimentación es su composición de grasas y la capacidad antioxidante que posee. La carne de ternera alimentada con forraje contiene un tipo de grasas saturadas diferente: tiene más cantidad de ácido esteárico («bueno») y menos ácidos láurico y mirístico («malos»), en comparación con la alimentada con cereales y legumbres. El ácido láurico y el mirístico elevan más el colesterol total, mientras que el ácido esteárico tiene un efecto neutro, ni aumenta ni disminuye la concentración de colesterol.

¿Y si te dijéramos que la ternera alimentada con forraje tiene omega 3? No suele ser un dato conocido porque, como hemos dicho, la carne del súper apenas lo contiene. La carne de ternera que se alimenta de lo que su especie comería en libertad tiene un contenido mayor en omega 3 (EPA, DHA y ácido alfa-linolénico), por tanto, una mejor proporción omega 3/omega 6.

Otro dato interesante es que la carne de ternera alimentada con forraje tiene más concentración de ácido linoleico conjugado y ácido vaccénico, que son ácidos grasos trans pero de los buenos, que han demostrado ejercer efectos preventivos frente al cáncer, la aterosclerosis y la diabetes tipo 2. Este proceso viene determinado por el tipo de microbiota intestinal del animal, que es diferente según el tipo de alimentación.

La alimentación de las terneras también influye en la capacidad antioxidante de su carne. ¡Mejor alimentación, más antioxidantes! Las terneras alimentadas con forraje tienen mayor cantidad de vitamina E, beta-carotenos, glutatión y superóxido dismutasa (SOD), todas ellas sustancias antioxidantes que nos protegen frente a los temidos radicales libres.

CEREALES: DE LA DOMESTICACIÓN AL PROCESADO,
UN CAMINO LLENO DE INTERESES, MEDIAS VERDADES
Y ENFERMEDADES

Los cereales se han comido toda la vida. ¿En serio? ¿Cuánto es toda la vida? Como vimos, dar por hecho que, como nuestras (bis)abuelas y nuestros (bis)abuelos comieron determinados alimentos, estos se han comido «toda la vida» dista mucho de ser cierto. En realidad, el cultivo de los cereales (la agricultura) data de la era del Neolítico, unos diez mil años atrás. A escala evolutiva, el famoso «toda la vida» para defender el consumo de cereales se traduce en que la agricultura representa un 0,4 % de nuestra evolución como especie, y a pesar de los grandes cambios sociales que hemos experimentado en los últimos diez mil años, la modificación de nuestros genes apenas ha sido del 0,005 %. Además, es frecuente caer en el error de hablar como si todo el mundo hubiese iniciado el cultivo y el consumo de cereales hace diez mil u ocho mil años. En España, por ejemplo, la introducción completa de los cereales ocurrió hace unos tres mil o cuatro mil años.

De modo que hace apenas unos diez mil años tuvo lugar una transformación total de nuestro estilo de vida. Las sociedades empezaron a dejar de basar su subsistencia en la caza y la recolección de frutos y raíces, lograron domesticar la naturaleza, tanto las plantas como los animales, y así nos convertimos en agricultores y ganaderos. Con ello, abandonamos progresivamente el modo de subsistencia que había utilizado la humanidad desde sus inicios, alrededor de dos millones de años atrás, pasando de cazar, con la exigencia física que ello supone, a ser cada vez más sedentarios, y dejando de consumir las presas, la carroña y la amplia variedad de raíces y frutos que recolectábamos para dar paso a una alimentación basada en unos pocos alimentos, en la cual el trigo, la cebada o el centeno, en función del clima de cada zona geográfica, se convirtieron en nuestra principal fuente de alimento. Y como vimos cuando hablamos de los fármacos y sus efectos secundarios, este cambio seguro que nos aportó beneficios, pero dejar de comer y comportarnos tal como nuestro organismo había hecho a lo largo de su exitosa evolución tuvo efectos secundarios. Unos daños colaterales que, además de perdurar, se vieron acentuados con la llegada de la industrialización alimentaria, con el fenómeno de la globalización que permitió el acceso a cereales y legumbres que jamás probamos antes, como el caso de la soja en Europa, y, por supuesto, con la interesada omnipresencia de los cereales refinados en nuestra alimentación.

¿Y qué dice la ciencia sobre los cereales? No hay evidencia científica de alto rigor metodológico que demuestre que la ingesta de cereales sea óptima para la salud del ser humano. Además, los estudios científicos ponen en el punto de mira a este grupo de alimentos como posibles responsables de múltiples trastornos en la salud del ser humano, tanto como consumidor directo como indirecto (a través de los animales alimentados con cereales y legumbres). Empecemos primero por comprender qué contienen estos alimentos que convierten a los cereales en un producto mucho menos saludable de lo que tal vez creías. Los cereales están compuestos mayoritariamente por almidón, un tipo de hidrato de carbono (HC), y a ello se le atribuye la mayoría de sus bondades. ¡Error! Resulta sorprendente que todavía hoy los cereales sean considerados socialmente como la mejor y casi única fuente de HC. Las frutas y algunas hortalizas, y tubérculos como la patata y el boniato, son una fuente excelente de hidratos de carbono y tienen una composición diferente y mejor que la de los cereales. Decimos que son alimentos con mejor composición porque mientras que la extensa gama de productos que se engloban dentro de hortalizas, frutas y tubérculos son muy ricos en micronutrientes y en una gran variedad de fitoquímicos, los cereales, aunque también contienen algunos micronutrientes, tienen un problema importante: son ricos en antinutrientes.

Seguro que a ti, como a nosotros, cuando lees esta palabra te viene a la cabeza: «Mal rollo, esto no es bueno». Podríamos definir a los antinutrientes como compuestos que ingerimos con los alimentos y que interfieren negativamente en la disponibilidad de los nutrientes y, por tanto, en el correcto funcionamiento de nuestro organismo. No debemos olvidar que no somos los únicos que estamos expuestos a la presión evolutiva, las plantas la llevan sufriendo miles de años más que nosotros. Y, fruto de la necesidad de asegurar su supervivencia, tuvieron que desarrollar un mecanismo de defensa que les permitiese defenderse de sus depredadores (insectos, animales herbívoros…, ¡HUMANOS!). Así, las plantas han generado defensas contra todos aquellos que pretenden comérselas, sobre todo en las semillas, que es lo que asegura la perpetuación de la especie. Su principal arma de ataque son los antinutrientes: ácido fítico, lectinas, saponinas, inhibidores de amilasas y proteasas. ¿Y cómo actúan?:

- Dañan la pared del intestino del depredador.
- Impiden la absorción de minerales vitales para el funcionamiento del organismo, como magnesio, hierro, calcio, manganeso y zinc.

- Inhiben la digestión y la absorción de otros nutrientes, como las proteínas y los hidratos de carbono.

### EL GLUTEN, UNO DE LOS PRINCIPALES PROTAGONISTAS
### DE LAS ENFERMEDADES MODERNAS

Vamos a dedicar unas líneas a conocer con mayor profundidad a uno de los componentes que se introdujo con la llegada de los cereales, que se disparó con la industrialización alimentaria, que con el paso de los años suena con más fuerza entre la población y del que cada vez son más aquellos que dicen: «Desde que no tomo gluten estoy mejor».

El gluten es un conjunto de proteínas que se encuentran exclusivamente en los cereales de secano y es el responsable de la elasticidad de la masa de harina, lo que permite que, junto con la fermentación, el pan obtenga volumen, así como la consistencia elástica y esponjosa de los panes y las masas horneadas. Técnicamente no es un antinutriente, pues no secuestra ni impide directamente la absorción de nutrientes, por ello nosotros lo consideramos un «antisalud». Bueno, nosotros y los estudios científicos que muestran que es indigerible y que daña las estructuras intestinales. Además, al parecer, diversas enfermedades autoinmunes, la obesidad, la diabetes tipo 2, el asma, las alergias e, incluso, los trastornos mentales parecen tener estrecha relación con el consumo de gluten. ¿Casualidad?

La asociación más conocida es la del gluten y el trigo. Un 80 % de las proteínas del trigo es gluten, que, a su vez, está compuesto por gliadina y glutenina. Pero no solo el trigo contiene gluten, también el centeno y la cebada, o cualquiera de sus variedades e híbridos, como el kamut, la espelta, el triticale, etcétera.

Aquí, de nuevo, los más listos han sido los de la industria alimentaria, que han sabido sacarle el máximo provecho, ya sea por sus propiedades o por su creciente mala fama.

¿Y por qué decimos que la industria se beneficia tanto de sus pros como de sus contras? Pues porque el gluten es la proteína que permite que los cereales sean panificables, es decir, que tengan elasticidad y obtengan volumen, y gracias a estas propiedades con gluten se puede preparar desde el alimento más conocido, el pan, hasta toda la serie de productos dulces (bollos, pasteles, pastelitos, etcétera), salados (rosquillas, empanadas, empanadillas, etcétera) o pasta de mil formas y colores (macarrones, canelones, espirales, espaguetis, *pizza*, lasaña, etcétera). Tal es el arsenal de productos que contienen gluten que aquellos que no deseamos consumir cereales con gluten lo tenemos realmente complicado al hacer la compra o cuando salimos a comer fuera de casa. De esta forma, el gluten pasó de formar parte exclusivamente de los cereales de secano a formar parte de la inmensa mayoría de los productos comestibles, tanto por la presencia omnipresente del trigo en mayor o menor cantidad como por la adición extra para mejorar la textura de los productos comestibles.

Pero todavía falta lo mejor, la jugada maestra. ¿Te suena haber visto algún producto en el supermercado que tenga la etiqueta «sin gluten» o «gluten *free*»? Fíjate cuando vuelvas a comprar, encontrarás queso, yogur, flan, natillas y todo tipo de postres lácteos sin gluten, horchata sin gluten, caldos de pollo o pescado sin gluten, cacao puro sin gluten, almendras sin gluten, pronto habrá frutas y verduras sin gluten. Pero ¿estamos locos? ¡Si el gluten solo está en los cereales! ¿Por qué leches existe el yogur sin gluten, el caldo sin gluten, el cacao sin gluten…? ¡Qué buenos son! Volvieron a hacerlo, una vez más y, como ya sucedió con los huevos y el colesterol, las grasas y el sobrepeso, la leche y la lactosa…, vieron el filón y se lanzaron a por más dinero.

Todo esto tiene su punto bueno y su punto malo. El punto bueno es que la ciencia ha demostrado que la ingesta de gluten es perjudicial para la salud y las industrias se esfuerzan en ofrecer alternativas a los más preocupados por su bienestar. Mientras que el punto malo es que la práctica totalidad de los productos procesados que consume la sociedad contienen gluten, y aunque ahora tenemos en el mercado estos mismos comestibles desprovistos de gluten, la cosa no mejora demasiado. Por un lado, gran parte de la población sigue consumiendo los primeros (son mucho más baratos y apetecibles) y, por otro lado, aun consumiendo los libres de gluten, estos no dejan de ser desaconsejables. Pues se trata de productos procesados que nada tienen que ver con nuestra principal recomendación: ¡come comida!

Pero no es solo el gluten el que está en tela de juicio. En realidad, el mejor representante del gluten, el trigo, además de los problemas derivados del gluten, contiene otros antinutrientes, como las lectinas o los inhibidores de proteasas.

Compuestos, todos ellos, que pueden alterar la barrera intestinal generando una hiperpermeabilidad. Esta alteración intestinal provoca un cambio del sistema inmunitario, inflamación intestinal y alteración de casi cualquier patología. Ahora imagina un día cualquiera de gran parte de la población mundial, con un almuerzo rico en trigo (cruasanes, tostadas, galletas, bollitos), seguido de una comida rica en trigo (pasta de todo tipo, pan, dulces), con una merienda a base de trigo (barritas, tostadas, bollería) y una cena con un poco de pan. ¿Qué sucederá? Más que preguntar, y a la vista de la salud de la población, lo que sucede es que se establece un círculo vicioso del que no podemos, no sabemos o no queremos salir, y que es un caldo de cultivo de enfermedades.

Pero si por algo es mundialmente conocido el gluten es por la enfermedad que se caracteriza por responder de forma alarmante a la ingesta de estas proteínas: hablamos de la celiaquía. Pero no solo el gluten perjudica a las personas celíacas. La sensibilidad al gluten no celíaca (*non-celiac gluten sensitivity*, NCGS), también llamada recientemente «síndrome de intolerancia al trigo», fue descrita en la década de 1980 tras observar que el gluten producía tanto síntomas intestinales como extraintestinales en personas que no estaban afectadas ni por la enfermedad celíaca ni por alergia al trigo. Alteraciones gastrointestinales, dolor de cabeza, eccemas, vértigo, dolor articular, calambres, dolor muscular, dermatitis o fatiga son algunos de los síntomas asociados a este síndrome o sensibilidad y mejoran al retirar el gluten de la dieta.

Y para terminar con una buena noticia en lo que al consumo de gluten se refiere, la parte positiva es que dejar de consumirlo es tan sencillo como conocer aquellos alimentos que tienen gluten de forma natural, es decir, sin haber sido procesados, y evitar su consumo: trigo, cebada y centeno en cualquiera de sus variedades y todo lo que haya sido elaborado con estos alimentos, o aquello a lo que se le haya adicionado gluten. Tan sencillo y tan complicado, pues un altísimo porcentaje de los comestibles que encuentras en el supermercado metidos en bolsas o listos para calentar y comer contienen gluten. Así pues, la alternativa que nosotros practicamos y que te invitamos a practicar es comer alimentos no procesados, evitar los cereales comentados y apostar por alimentos que en su estado natural no contienen gluten, ya sabes: pescados, carnes, huevos, jamón y cecina de calidad, hortalizas, frutas, tubérculos, frutos secos, kéfir y algo de yogur de cabra u oveja si sienta bien, algo de miel cruda, aceites y grasas sanas, sal virgen, vinagre bueno, especias…; ¡comida de verdad!

¿SE PUEDE COMER ALGÚN TIPO DE CEREAL?

Una dieta con gluten puede traer más problemas que beneficios y, sin lugar a dudas, una dieta sin gluten no presenta ningún tipo de carencias nutricionales. Pero ¿el simple hecho de comer sin gluten es la solución? No. Sin gluten no es sinónimo de saludable. Recuerda que actualmente se encuentran en el mercado una enorme y creciente gama de productos procesados sin gluten o gluten *free*, galletas y todo tipo de bollería sin gluten, canelones, espaguetis, macarrones sin gluten, *pizzas* sin gluten y mucho más. Por ello, cuidado, no nos engañemos, estos productos siguen siendo productos ultraprocesados, no alimentos.

Por otra parte, no debemos olvidar que hay cereales o pseudocereales que no contienen gluten. La quinoa, el trigo sarraceno, el mijo, el arroz, el maíz, el teff, el amaranto y el sorgo son ejemplos de ello. Pero ¿son apropiados para toda la población? ¿Están libres de causar síntomas? La respuesta es no. Hemos visto que el gluten no es el único inconveniente que contiene el trigo, sino una más de las proteínas potencialmente problemáticas de las que se compone. Por ello otros cereales pueden no contener gluten, pero sí lectinas, saponinas, ácido fítico e inhibidores de amilasas y proteasas. Y aquí entra la susceptibilidad individual a su mayor o menor tolerancia para decidir si se pueden o no comer. Habrá personas que no presentarán ningún síntoma cuando consumen arroz, quinoa o maíz, mientras que otras sí. Por ejemplo, es habitual que acudan pacientes a la consulta con elevada sensibilidad a la quinoa, lo que no significa que esta sea dañina para todo el mundo.

El mijo requiere de un apunte en especial, ya que es considerado un bociógeno, es decir, que deteriora el metabolismo de la tiroides y del yodo cuando se consume regularmente. El problema de un consumo regular de mijo recae en que inhibe la captación de yodo en la mayoría de las células corporales, deteriora la secreción de las hormonas tiroideas y reduce la capacidad de unir el yodo a la tiroglobulina para formar la hormona tiroidea.

Tampoco podemos pasar por alto que los cereales que comían las generaciones que nos precedieron no eran los mismos que consumimos ahora, ni el tipo, ni la especie ni la forma de preparación. Seguro que nuestros ancestros no comían pan elaborado con levaduras químicas y con una fermentación cada vez más corta, sino un pan elaborado con un tipo de trigo menos seleccionado y modificado, o con otros cereales con poco gluten, utilizando para ello masa madre y con una fermentación larga, de al menos doce horas. En definitiva, con el pan y similares, además de todos los contras que hemos visto, pasa lo mismo que con otros alimentos que han pasado de ser eso, alimentos, a convertirse en productos comestibles de fácil y rápida preparación, y tan sabrosos como perniciosos.

Al final, lo más sensato es aplicar el sentido común. Si decides consumir algún cereal, te damos tres consejos: uno, no abuses. Dos, mejor sin gluten: el arroz, el trigo sarraceno y la avena pueden ser buenas opciones. Y tres, escucha a tu cuerpo y si algo no funciona bien (digestión, descanso, dolor articular o muscular, etcétera), prueba a no consumirlos y observa qué sucede. Incluso si consideras que todo funciona perfectamente en tu cuerpo, haz la prueba y quizá te lleves una agradable sorpresa. Y si tu preocupación recae en la ingesta de hidratos de carbono, puedes estar muy tranquilo. No vamos a entrar a debatir con nadie que las mejores fuentes de carbohidratos a nuestro alcance son frutas, raíces, tubérculos y algunas verduras. Otra cosa es que por razones demográficas y socioeconómicas su ingesta no sea posible.

De lo contrario, no te dejes confundir, por sentido común, ciencia y coherencia evolutiva los cereales ni fueron ni son un alimento necesario para una alimentación saludable.

### Al lío, ¿qué como?

Quizá después de leer todo esto ya no sepas ni qué puedes comer. No te preocupes, tenemos una buena noticia. Existen infinidad de alimentos y combinaciones sanas y exquisitas que puedes incorporar a tu día a día. Para ello, lo primero es tener claro cuáles son los alimentos que debes poner en tu lista de la compra, de forma que en casa tengas lo que hay que comer.

Veamos, pues, qué no debe faltar en tu lista de la compra:

- Hortalizas y frutas de todos los tipos. Intenta que sean de temporada, de proximidad e idealmente ecológicas. Atrévete a probar cosas nuevas. Hay vida más allá de la lechuga, el tomate, el pepino y las judías verdes.
- Tubérculos y raíces: patata, boniato, zanahoria, rabanitos, nabos, colinabo, remolacha, chirivía.
- Huevos ecológicos.
- Pescado, preferiblemente salvaje. Aléjate de los más contaminados, como la panga, la perca, el lucio, el pez espada, el atún rojo o el salmón. Añade dorada, sardina, boquerón, jurel o arenque.
- Carne ecológica o alimentada sin piensos.
- Frutos secos (avellanas, nueces, almendras, anacardos, pistachos, castañas y piñones) y semillas oleaginosas al natural (sésamo, girasol, calabaza y chía). Si las dejas en re-

mojo unas ocho horas, conseguirás eliminar parte de sus antinutrientes.

- Aceite de oliva virgen prensado en frío. De forma puntual, puedes probar algún otro aceite de calidad, como el de coco virgen. No calientes los aceites, cocina sin o con el mínimo aceite posible y aliña tus platos ya cocinados.
- Especias (pimienta, cúrcuma, jengibre, etcétera), sal pura no refinada y vinagre de manzana ecológico es una excelente opción.
- Miel cruda para endulzar. No cualquier miel, que ponga «cruda» en la etiqueta.
- Kéfir, yogur o queso de cabra u oveja ecológicos, solo si deseas consumir derivados lácteos.
- Bebidas vegetales. Si echas de menos la leche, las bebidas vegetales de avena, de almendra o de coco son buenas opciones. Asegúrate de que no contengan azúcares añadidos.
- Trigo sarraceno, avena integral y arroz semiintegral. El pan de trigo sarraceno, que no tiene nada que ver con el trigo habitual, es una buena opción para los amantes del pan. Búscalo en herboristerías, panaderías especializadas o hazlo tú en casa. Queda fuera la pasta, en todas sus formas. No la compres, no la comas, no la pidas en el menú; pide ensalada o verduras de primero. Puedes, según el caso, añadir un poco de arroz semiintegral o de avena integral.
- Fruta desecada (uvas pasas, dátiles, albaricoques, ciruelas, pasas, higos secos) y algas marinas de origen nacional.
- Si te gusta el chocolate, puedes comprarlo en polvo para tus desayunos o tus «momentos chocolate», pero ha de ser

100 % puro. En cualquier caso, revisa la etiqueta y asegúrate de que es 100 % cacao y sin azúcar. Si quieres comer chocolate en tableta, también puedes darte un capricho y comer algunas onzas de chocolate con una pureza mínima del 85 % de cacao. Es muy importante que revises la etiqueta, la mayoría de los chocolates etiquetados como «puro» tienen un 52 % de cacao (eso induce a error). El chocolate blanco, el chocolate con leche, los chocolates con alrededor del 50 % de cacao o los famosos y mal llamados cacaos solubles (en realidad son azúcares solubles) ideados para los desayunos y meriendas de niños y no tan niños quedan todos fuera de una alimentación saludable.

- ¡Bebe agua! ¡Siempre agua! Si te apetece, toma infusiones digestivas y algo de té verde. Si deseas endulzar, utiliza miel cruda.

¡Ya tenemos la lista de la compra! Ahora solo tenemos que darle imaginación, empezar a crear y cocinar, aunque ten muy claro que comer bien no significa pasarte todo el día en la cocina, ni mucho menos. Para ayudarte en este proceso, puedes consultar las 25 recetas ideales para la microbiota intestinal que Montse Vallory ha elaborado haciendo una traducción culinaria con la que pasar de la teoría a la práctica. ¡Ah! Y recuerda, igual de importante que comer bien es comer en un ambiente tranquilo, comer con hambre (nada de cinco o seis comidas al día), de forma consciente, masticando y saboreando. Al fin y al cabo, comer es un acto de supervivencia que nos genera placer. Recupera tu esencia, eres un *Homo sapiens*, come lo que tu especie reconoce y huye de los embalajes.

## 2.3. Microbiota intestinal, el órgano olvidado

*¿Qué es la microbiota?*

A continuación te presentaremos el fascinante mundo de aquellos con los que compartimos nuestro organismo, microorganismos que habitan en nuestra piel, nuestras mucosas y, sobre todo, nuestros intestinos. Cuando hablamos de nuestro cuerpo, nos referimos a él como el organismo humano, sin embargo, ahora sabemos que sería más correcto hablar del superorganismo humano. Un organismo que alberga, además de células humanas, bacterias, levaduras, virus y, en muchos casos, parásitos. Y aunque algunos de estos microbios son, o pueden ser, potencialmente patógenos, la mayoría de ellos, más allá de ser inofensivos, son beneficiosos y necesarios. A los primeros se les denomina patobiontes (cualquier microorganismo causante de enfermedad), aunque para hacerlo más fácil nosotros los apodamos los «malos». Mientras que los segundos, los saprofitos, son los beneficiosos y necesarios. A estos últimos los llamamos los «buenos».

Al conjunto de esta población de organismos diminutos con los que convivimos es a lo que denominamos «microbiota», y es cuando nos referimos a los que viven en nuestro intestino cuando hablamos de «microbiota intestinal», que sería algo así como la capital del reino, la gran metrópolis, el lugar donde habita la gran mayoría de nuestros huéspedes y donde tienen lugar los acontecimientos más importantes. Se tiende, y nosotros también lo hacemos, a referirnos a la microbiota intestinal como las bacterias intestinales, y aunque es cierto que la mayor parte de los microbios con los que convivimos son bacterias, también los hongos y sus genes (el micobioma), e incluso el viroma (genoma colectivo de los virus presentes en un ecosistema), pueden desempeñar un papel relevante sobre nuestro ecosistema intestinal.

La microbioTa (con te) lleva a cabo múltiples funciones biológicas que la evolución le ha encomendado para ayudarnos a sobrevivir. Lógicamente, ellos, nuestros microbios, también salen beneficiados. Esta estrecha y persistente relación entre organismos de distintas especies, en la que todos salimos ganando al mejorar nuestra aptitud biológica, es lo que se conoce como una relación simbiótica y mutualista. Para llevar a cabo muchas de estas funciones, y del mismo modo que los humanos tenemos nuestro código genético, el famoso ADN, ellos también poseen el suyo propio. Y es al conjunto de los genes presentes en todas las células microbianas residentes en el ser humano a lo que denominamos microbioMa (con eme). Y, por si alguna vez oyes hablar del metagenoma, es la suma de ambos genomas, el nuestro, el humano, y el suyo, el microbiano.

El intestino humano alberga aproximadamente cien trillones de microorganismos, y se establece una ratio entre células bacterianas y células humanas de 10:1, aunque actualmente todo esto es controvertido y se trabaja con nuevas estimaciones que calculan que esta ratio podría situarse alrededor de 1:1. Lo cual no desmerece en absoluto la enorme importancia de este órgano olvidado. Además, el genoma de la microbioTa –el microbioMa– tiene una capacidad codificante muy superior a la del genoma humano (se baraja que es hasta ciento cincuenta veces mayor), y lleva a cabo o complementa una serie de funciones fundamentales que influyen en el metabolismo, en la inmunidad y en el comportamiento y que, en parte, determinan nuestro estado de salud y el riesgo de padecer múltiples enfermedades ahora y en el futuro.

Su distribución a lo largo del tracto gastrointestinal no es uniforme, ni en cantidad ni en diversidad. Sabemos que existe una microbiota propia de la cavidad oral, otra del pulmón y otra de la piel, aunque varía enormemente entre las diferentes partes del cuerpo. Pero, al final, los microbios tienen un papel muy importante en nuestro cuerpo, sea donde sea, dentro o fuera, y su alteración (disbiosis) se traduce en trastorno o enfermedad.

En el estómago y en el intestino delgado encontramos un gran número de bacterias, aunque pocas si las comparamos con el colon. El estómago, por su carácter muy ácido, y el duodeno, por su carácter muy básico, albergan un menor número de bacterias, que van en aumento a lo largo del duodeno, el yeyuno y el íleon, hasta llegar a la metrópolis microbiana, el colon. Es importante destacar que asumir que la microbiota de las heces es la misma que podemos encontrar a lo largo de todo el tubo digestivo es un error. Hay bacterias que encontramos en gran número en las paredes intestinales y no en el lumen intestinal. Tampoco debemos caer en el error de pensar que en todos los segmentos comentados del aparato digestivo habitan los mismos microorganismos, ni pensar que por el hecho de que en el colon exista la mayor cantidad de microorganismos que localizamos en los intestinos, y en general en el organismo, esto resta importancia a la microbiota que encontramos en otras partes.

Por ejemplo, sabemos que, aunque la mayor proporción de bacterias se encuentra en el colon, la microbiota del intestino delgado está en contacto más estrecho con el huésped por las diferencias en la capa de moco que recubre el epitelio intestinal, y que tiene un papel crítico en la conformación del sistema inmunológico y en la inducción de la producción de péptidos antimicrobianos que a su vez afectan a la microbiota colónica. Además, la evidencia científica indica que el tipo de alimentación es de suma importancia para la pequeña comunidad microbiana del intestino delgado, pues esta responde rápidamente a cambios en la dieta. Pero no solo en los intestinos albergamos microbiota, cada vez sabemos más sobre la microbiota oral y la microbiota vaginal, y que una alteración de la composición y la función de los microorganismos que allí habitan puede estar detrás de enfermedades tanto locales como sistémicas. Recuerda que somos «un todo».

## Múltiples e importantes funciones

Del mismo modo que la construcción de un edificio requiere diferentes profesionales, cada uno especializado en su labor (albañiles, fontaneros, electricistas, etcétera), sin cuya participación y coordinación la construcción de un edificio estable y duradero (sano y longevo) no sería posible, nuestros microbios también tienen su especialidad y cooperan entre ellos para asegurar su supervivencia y, con ello, la nuestra. Son tantas y tan importantes sus funciones que nos gusta referirnos a ellos como el órgano olvidado. Metabolizan los alimentos que no podemos digerir por nuestra cuenta, dando lugar a diferentes metabolitos que necesitamos para estar sanos. Algunos de ellos producen vitaminas y nutrientes esenciales. También descomponen fármacos y toxinas, y regulan muchos aspectos de la inmunidad innata y adquirida, protegen al huésped de las infecciones y de la inflamación crónica y posiblemente de muchos trastornos inmunológicos. Además, cada vez está más claro que tienen una influencia crucial en el desarrollo neuronal, en el aprendizaje, en el comportamiento y hasta en la elección de unos u otros alimentos. Sí, aunque pueda sorprenderte, en cierta medida nos gobiernan.

Y así es como tras décadas intentado erradicar los microbios de todas las superficies del planeta, incluyendo el cuerpo humano, hemos llegado a comprender que hemos coevolucionado, convivido y cooperado desde el inicio de los tiempos. Según parece, el futuro de la salud pasa por conocer y comprender el proceso de colonización intestinal, la composición y las funciones de la microbiota y cómo (re)programarla.

## El intestino humano: su hábitat preferido

Imagina uno de esos enormes castillos medievales que tenían un gran foso alrededor. Ese foso era la primera línea de defensa del castillo y, por tanto, debía ser amplio y, además, estar lleno de agua para que así los asaltantes tuviesen todavía más dificultades para llegar hasta la segunda barrera defensiva, la muralla. Esta debía ser alta, fuerte y compacta, esto último para evitar grietas que facilitasen la entrada de enemigos. Y, cómo no, la muralla debía estar protegida por aguerridos soldados, muchos y además diversos: arqueros, espaderos, lanceros, jinetes, médicos, estrategas, etcétera, cada uno de ellos especializado en su cometido. Seguramente algunos eran muy fuertes y trabajadores mientras que otros, los estrategas, por ejemplo, eran más endebles y reposados. Pero todos ellos eran necesarios para el éxito de la batalla. En la retaguardia contaban con patrullas de reconocimiento y de combate. Las patrullas de reconocimiento se encargaban de reconocer a los que trataban de acceder al castillo. Y si eran malos, mandaban órdenes a las patrullas de combate para dar inicio a la batalla. Por tanto, todas las barreras y controles, así como todos los soldados del ejército, eran importantes. Un foso o una muralla mal construidos, un ejército con bajas o una retaguardia débil convertían al castillo y a todos sus ocupantes en un blanco fácil.

Pues bien, nuestro organismo se comporta igual que ese castillo. El nuestro es un organismo complejo dentro del cual se llevan a cabo miles de funciones vitales para la supervivencia. Para ello, la evolución ha dotado a nuestros organismos cuasi perfectos de barreras defensivas muy similares a las de un castillo. Pero las defensas más importantes no están ni en la piel ni en el exterior. Al contrario, nuestras mejores defensas se esconden en nuestros intestinos, pues allí es donde, a través de la boca, llegan los adversarios más peligrosos, a los que debemos combatir y eliminar. Lo que comemos y bebemos es la principal vía de entrada de sustancias potencialmente peligrosas para nosotros: proteínas «raras» para nuestro organismo, como el gluten del trigo o la caseína de la leche, los pesticidas, herbicidas y otros tóxicos que se acumulan especialmente en animales alimentados con piensos y productos derivados de estos, como los lácteos no ecológicos o aditivos sintéticos propios de los múltiples productos comestibles y también fármacos que ingerimos. Son tantas y tan cruentas las batallas que nuestro aparato digestivo debe librar que allí se encuentran nuestras mejores defensas: el ácido clorhídrico, el foso de nuestro castillo; el epitelio intestinal, la muralla que nos protege; la microbiota intestinal, un ejército formado por soldados de todo tipo, pues cuanto más diverso, más fuerte, y, por último, el sistema inmunitario mucosal, la retaguardia defensiva más poderosa del castillo.

## EL ÁCIDO CLORHÍDRICO, LA PRIMERA DEFENSA

El estómago actúa como el foso del castillo, pero no hay agua, sino ácido clorhídrico. Y su carácter extremadamente ácido es de vital importancia, puesto que gracias a ello muchos de los agentes patógenos que ingerimos perecen allí. Además de ser un potente antimicrobiano, es necesario mantener estable su grado de acidez para que nutrientes de gran importancia puedan ser digeridos y absorbidos. Por ejemplo, facilita que las proteínas se desplieguen y sean «descuartizadas» en péptidos y aminoácidos absorbibles. Además, y muy importante, esta acidez es imprescindible para que se libere el factor intrínseco necesario para la absorción de una vitamina muy preciada, la B12, necesaria para la correcta absorción de minerales como el hierro o el calcio.

Bien, ahora que tenemos claro que la correcta acidez del estómago es tan importante, podemos deducir fácilmente que aquellos medicamentos que disminuyen su acidez, entre ellos el archifamoso omeprazol, tendrán efectos secundarios nada deseables para la salud, como una mala digestión de las proteínas, una disbiosis con aumento de bacterias proteolíticas, gases con olor desagradable o preocupantes déficits de vitamina B12.

## EL EPITELIO INTESTINAL, LA MURALLA

Necesitamos programar (construir desde los cimientos) epitelios intestinales fuertes y compactos, sin fisuras, o bien saber cómo repararlos cuando los dañamos.

Aquellas murallas de antiguos castillos que han permanecido en pie pese al paso de los siglos, las guerras y las inclemencias pasadas se construían con mezclas de barro y agua que al solidificar daban estabilidad al conjunto y evitaban que entre los bloques quedasen fisuras. En nuestros intestinos sucede más o menos lo mismo, solo que, por suerte, la evolución nos ha dotado de mecanismos más complejos y seguros: hablamos de uniones estrechas (*tight junction*, en inglés), uniones adherentes (*gap junction*) y desmosomas. Gracias a estas uniones, los enterocitos, los bloques que conforman nuestra barrera intestinal, mantienen una permeabilidad selectiva, de forma que las sustancias pequeñas pueden atravesar la barrera intestinal, mientras que los agentes grandes, extraños y potencialmente dañinos no pueden hacerlo.

Al llegar los avances, la revolución agrícola, seguida por la Revolución Industrial, el descubrimiento y la síntesis de cada vez más fármacos y la industrialización alimentaria, el ser humano dejó de pasar hambre y sed, y gracias a los medicamentos superó enfermedades hasta entonces mortales y… sí, es verdad, todo esto nos aportó muchas cosas buenas, pero también tuvo consecuencias negativas, algunas de ellas desastrosas para el intestino.

El consumo de sustancias como el gluten, el alcohol o los productos procesados, junto con otros factores como el estrés y la disbiosis, provocan importantes daños en nuestra barrera intestinal que desembocan en un aumento de la permeabilidad intestinal. Lo que conocemos como «hiperpermeabilidad». Eso permite que sustancias grandes y extrañas se cuelen en nuestro interior, lo que obligará a actuar al sistema inmunitario mucosal. Al reconocer estos compuestos dañinos, se disparan las alarmas y se genera una inflamación crónica de bajo grado, que es característica de un gran número de patologías modernas, y eso en el mejor de los casos, pues las consecuencias de estos daños intestinales pueden desembocar en trastornos como alergias, intolerancias alimentarias, eccemas, dolores articulares o, incluso, mucho peor, pueden ser el desencadenante de enfermedades autoinmunes en personas predispuestas.

MICROBIOTA INTESTINAL, NUESTROS SOLDADOS

Hemos hablado de la importancia de tener aguerridos soldados que defiendan el castillo, y eso es precisamente lo que hace la microbiota intestinal. Es un ejército numeroso con todo tipo de soldados, cada uno especializado en llevar a cabo su labor. La microbiota intestinal, cuando se programa, se alimenta y se cuida correctamente, posee una gran diversidad microbiana, con múltiples géneros, especies y cepas bacterianas.

Conseguir formar el ejército deseado es una tarea que requiere tiempo y mucha voluntad por parte de todos los implicados si lo que queremos es que nuestro organismo se mantenga sano durante toda su existencia. Por eso, a lo largo del libro hablaremos ampliamente de cómo programar, o reprogramar si es el caso, a nuestros soldados. Hablaremos, cómo no, de sus alimentos: los prebióticos, y veremos situaciones cruciales para la correcta programación de la microbiota intestinal. Abordaremos también situaciones que pueden provocar alteraciones en su estructura y función con consecuencias negativas para el huésped. Hablaremos, así, de la disbiosis, de cómo evitarla y de cómo solventarla, y analizaremos el gran impacto que la ingesta de antibióticos y otros fármacos tiene sobre nuestra microbiota intestinal.

EL TEJIDO LINFOIDE ASOCIADO A LA MUCOSA
INTESTINAL (GALT): UNA RETAGUARDIA CON PATRULLAS
DE RECONOCIMIENTO Y DE COMBATE

Es la última línea de defensa que encontramos en el intestino y, además, es también la más importante de todo nuestro organismo: el tejido linfoide asociado a la mucosa intestinal (GALT, por sus siglas en inglés). El GALT alberga el 80 % de las defensas del organismo y se encuentra interconectado con todo el sistema inmunitario mucosal, encargado de la defensa de todo el organismo y que abarca, además del GALT, el tracto urogenital, la piel, los bronquios, las glándulas lacrimales, nasales, salivares y mamarias y la membrana sinovial. Como puedes ver, todo nuestro organismo es una red estrecha de comunicación. De modo que un ataque contra la mucosa intestinal puede afectar a cualquiera de las mucosas y las glándulas defensivas que conforman el sistema inmunitario mucosal y con las que la mucosa intestinal está en comunicación. Por eso, tener problemas intestinales se convierte en una fuente de posibles trastornos para casi cualquier parte del organismo. Así pues, tratar el síntoma y no la causa no es más que un parche temporal.

Esa interconexión es el motivo por el que en clínica el sistema digestivo es el foco de nuestros tratamientos, incluso cuando tratamos a pacientes aquejados de problemas que en principio parecerían no tener nada que ver con un problema digestivo. Por ejemplo, al tratar una candidiasis vaginal, en la historia clínica deberemos comprobar cómo está su salud intestinal, y en caso de tener problemas (casi seguro), averiguar de dónde vienen (mala alimentación, estrés, la pérdida de un ser querido, una separación..., mil cosas) para que finalmente puedan conducirnos al origen del problema. Y no será hasta que la base del problema se trate y la integridad intestinal se reestablezca que aquellas molestias que no parecían tener ninguna explicación consigan por fin resolverse.

En conclusión, si quieres evitar, solucionar o tratar la inmensa mayoría de los trastornos que padecemos en las sociedades industrializadas, incluyendo también los psicológicos, lo mejor que puedes hacer es cuidar de tu intestino y de los microorganismos que allí habitan.

# 3.
# La ventana de oportunidad

La ventana de oportunidad, así es como podríamos deno-
minar al periodo más importante para la programación de
la microbiota intestinal y la salud. Se trata de una etapa de la
vida que se extiende desde la gestación hasta aproximadamente los tres años de vida, momento en el que el niño
adquiere una microbiota intestinal «adulta». Los acontecimientos que se dan a lo largo de esta ventana, la gestación,
el parto, la lactancia y la introducción de los alimentos, así
como el ambiente en el que se produzcan, marcarán el presente y el futuro de los niños. Y de ahí que este libro se ti-
tule *Niños sanos, adultos sanos*. Sin embargo, no dependerá
de ellos, sino de nosotros, los adultos, aprovechar o no estas
oportunidades, lo cual supone una enorme responsabilidad,
tanto para la madre como para toda aquella persona que
pueda intervenir en la toma de decisiones (pareja, padres,
abuelos o profesionales sanitarios). Y de ahí que este libro
también hubiese podido titularse *Adultos sanos, niños sanos*.
Somos nosotros, los adultos, y especialmente las madres,
los que con nuestras decisiones, nuestros ejemplos, nuestra

alimentación y estilo de vida, nuestra forma de educar, de transmitir, de gestionar nuestras emociones y las suyas estaremos aprovechando, o no, la ventana de oportunidad.

A continuación descubriremos la importancia de asegurar, siempre que sea posible, que los niños nazcan por parto vaginal, que ingieran su alimento –la leche materna–, que la introducción de los primeros alimentos sea lo más fisiológica y natural posible, que los fármacos, especialmente los antibióticos, sean el último recurso frente a las enfermedades y que los niños crezcan al aire libre, en contacto con todos los elementos de la naturaleza a los que estarán expuestos a lo largo de su vida (como mascotas, árboles, tierra, humedad, etcétera). Y sí, lo sabemos, durante décadas esto no ha sido así, en ocasiones más bien al contrario. Con el paso de los años nos hemos vuelto cada vez más y más limpios, hemos aumentado la variedad y la cantidad de fármacos que tomamos, nos hemos pasado de la raya. Por ello hablaremos del exceso de higiene, de las consecuencias de la proliferación indiscriminada de cesáreas, del desgraciado desprestigio de la lactancia materna, y del abuso y mal uso de los antibióticos. Y esperamos que cuando descubras el poder de esta ventana, consideres que afrontar cada una de sus oportunidades basándonos en el conocimiento científico, el sentido común y en nuestra evolución es el mejor legado que les podemos dejar.

## 3.1. Gestación, allí empieza todo

Érase una vez dos células, el óvulo y el espermatozoide, con solo la mitad del código genético cada una, que se unieron y crearon una vida. Sucedió que un hombre y una mujer hicieron el amor, el hombre dejó dentro de la mujer una semillita, concretamente unos cuatrocientos millones de espermatozoides, de los que unos trescientos mil llegaron a la trompa de Falopio, pero solamente uno, el más veloz, el más fuerte, el que más posibilidades tenía de perpetuar la especie, sedujo al óvulo y se unieron, dando rienda suelta a su pasión, más concretamente, dando lugar al cigoto. Este sufrió múltiples divisiones celulares, creció y dio paso a la siguiente fase, en la que se denomina mórula (nombre que debe a su semejanza con una mora). Tan solo un día después, y tras múltiples divisiones celulares, llegamos al siguiente episodio de esta intrigante «película» y la mórula pasó a llamarse blastocisto y a estar formada por dos compartimentos: el interno, embrioblasto, y el externo, trofoblasto. Como se puede intuir, el embrioblasto formará el embrión. En cambio, el trofoblasto formará un órgano tan importante que nos cuesta encontrar un adjetivo digno de él. Nos referimos a la placenta. Cuando hablamos de embarazo, tendemos a focalizar nuestra atención en la formación del feto, en su paso a bebé y finalmente en su nacimiento, dejando de lado el papel que desempeña la placenta. Este órgano se crea para ser el nexo de unión entre la madre y el feto, y es el encargado de suministrar todos los componentes necesarios al feto y de protegerlo de todo aquello que pueda poner en riesgo su crecimiento. Es, en realidad, un sensor de las condiciones nutricionales, endocrinas, metabólicas y vasculares entre la madre y las necesidades del feto. Es un centro regulador y el órgano clave para la programación del futuro bebé.

Las capas externa e interna que conforman la placenta permitirán la comunicación con mamá. Ambas capas se encargarán de captar los nutrientes y transportarlos hasta el feto. El crecimiento fetal depende de la disponibilidad de nutrientes, que, a su vez, está relacionada con la capacidad de la placenta para transportar esos nutrientes. Dicho de otro modo, para que haya un buen transporte hacia el feto, mamá deberá ingerir todos los nutrientes necesarios, a la vez que la placenta deberá tener la capacidad de transportarlos hasta el feto, para lo cual se hace indispensable contar con un buen equipo de transportadores que permitirán que los nutrientes acaben llegando al capilar sanguíneo, para finalmente y a través de las venas umbilicales llegar al feto. Y aquí está el truco para que todo salga bien: los transportadores y el ambiente de mamá (alimentación, descanso, estado emocional, etcétera) deben ser óptimos, de lo contrario el futuro bebé no podrá abastecerse de aquello que necesita e iniciará con mal pie su programación.

Recurramos a un símil para mostrar la importancia de aportar todos los elementos necesarios. Imagina que quieres construir una casa, tienes miles de ladrillos, cientos de ventanas, puertas, tejas, cemento, herramientas, etcétera. Tienes de todo en abundancia, solo te falta un componente, el agua. Así pues, muy probablemente la casa que construyas no te ofrecerá ninguna garantía. Del mismo modo, para la actividad normal de nuestro organismo, este requiere de todos los elementos necesarios, y si, por ejemplo, hay uno o varios aminoácidos esenciales que no aportamos a través de la alimentación, no conseguiremos generar los productos necesarios, es decir, nuestra casa (nuestro organismo) será frágil y seguro que con el tiempo nos dará muchos problemas (trastornos de salud presentes y futuros, tanto para la madre como para el hijo).

No podemos pasar por alto un hábito tremendamente perjudicial para estos sistemas de transporte y que lamentablemente cada vez es más habitual entre la población femenina, incluso entre las mujeres embarazadas. Hablamos del tabaquismo. El consumo de tabaco durante el embarazo disminuye la presencia de estos transportadores, lo cual va asociado a una restricción del crecimiento intrauterino, que es causa de morbimortalidad perinatal, es decir, de enfermedad y muerte tanto antes como después del nacimiento. Y por si no fuera suficiente, la restricción del crecimiento intrauterino está relacionada con un aumento de la predisposición a sufrir enfermedades graves, como la enfermedad cardiovascular, diabetes tipo 2, obesidad, hipertensión y patologías inflamatorias en la edad adulta.

### El transportador de taurina

Por su enorme importancia en el correcto desarrollo del feto, este transportador merece un apartado dedicado exclusivamente a él. La taurina es un aminoácido considerado no esencial, puesto que podemos sintetizarlo a partir de otros dos aminoácidos: la cisteína y la metionina. Aun así, el grupo del doctor Staffan Norberg, del Centro Perinatal del Departamento de Fisiología de la Universidad de Gotemburgo, mostró ya en el año 1998 que la taurina es, a lo largo de la vida fetal, un aminoácido esencial, puesto que la capacidad de sintetizarlo durante este periodo es muy baja.

Si nos detenemos a pensarlo unos segundos, caeríamos en la cuenta de lo importante que debe ser el aporte de taurina durante el embarazo para poseer un sistema de transporte exclusivamente para él. Y así es, más que importante es vital. El Centro de Investigación Materno-Fetal del Instituto de Desarrollo Humano de Manchester publicó en 2013 un estudio donde se evidenciaba el papel de la taurina en el desarrollo y el buen funcionamiento del tejido placentario. Asimismo, han descrito la importancia que este aminoácido tiene para asegurar el correcto desarrollo del sistema nervioso, el riñón, la retina y el páncreas endocrino del feto.

¿Dónde encontramos la taurina? ¿Cómo facilitamos su absorción y cómo la perjudicamos? Podemos comprender que todo aquello que altere el transporte de taurina al feto resultará muy dañino para este. En un interesante estudio publicado en la prestigiosa revista *The American Journal of Physiology* se demostró que un consumo elevado de azúcar disminuye la absorción de taurina por la placenta. Así pues, la recomendación de evitar la ingesta de productos ricos en azúcares sencillos y refinados (la extensa gama de pseudoalimentos presentes en los supermercados, incluso en las recomendaciones de la vapuleada pirámide alimentaria de las que tanto hemos hablado ya) cobra especial importancia durante la gestación; no olvidemos que ahora está en juego la salud de dos vidas humanas. La fuente más importante y saludable de taurina es: el ¡Red Bull! Disculpad, es la broma fácil que recurrentemente sale en nuestras formaciones. Las fuentes son: los pescados salvajes (no de piscifactoría), las carnes de calidad (animales que se alimenten con aquello para lo que están preparados, por ejemplo, terneras alimentadas con forraje) y los huevos ecológicos, los que llevan un 0 delante. En el apartado de recetas de Montse Vallory puedes encontrar maneras originales y exquisitas de gozar de un buen aporte de taurina.

### Transporte de grasa

Ya ha quedado claro en el apartado de alimentación que las grasas son indispensables para la salud del ser humano adulto. Pero todavía lo son más en los niños, y afinando aún más, son imprescindibles para asegurar el buen crecimiento y el desarrollo del futuro bebé.

Las grasas que comemos pasan a nuestra circulación empaquetadas en forma de triglicéridos («tri-» de tres ácidos grasos que se unen a un «-glicerol») y en el interior de «pelotas» de transporte llamadas lipoproteínas. Pero hay que tener presente que el objetivo final es que las grasas consigan llegar hasta la placenta. Y para conseguirlo estas deben quedar libres (ácidos grasos), puesto que únicamente estando libres podrán ser captadas por sus receptores y transportadas hacia el interior de la placenta, para una vez allí llevar a cabo sus múltiples funciones. Pero ¿cómo se liberan las grasas? Descubrámoslo.

En la parte más externa del trofoblasto contamos con dos tipos de enzimas: las lipasas endoteliales (LE) y las lipoproteínas lipasas (LPL). Tranquilo, olvídate de estos nombres y volvamos a empezar. En la placenta existen dos «katanas muy bien afiladas». Sí, sí, como las de los samuráis. Y estas cortan los paquetes que llevan ácidos grasos para liberarlos y que los transportadores los metan dentro de la placenta y puedan nutrir al feto.

### La importancia de algunas grasas

Si hablamos dentro del contexto del embarazo, debemos mencionar algunos tipos de ácidos grasos que son extremadamente importantes para el desarrollo del bebé. Como hemos visto, existen grasas saturadas, monoinsaturadas y poliinsaturadas. Es dentro de estas últimas donde encontramos los archifamosos omega 6 y 3 (n-6 y n-3), entre los cuales los ácidos linoleico (AL, n-6) y alfa-linolénico (ALA, n-3) son esenciales (deben ser aportados a través de la alimentación). La transformación de estos ácidos grasos en sus derivados, entre ellos los ácidos araquidónico (ARA, n-6) y docosa-hexaenoico (DHA, n-3), está limitada en el ser humano adulto, mientras que en el feto, simplemente, está completamente bloqueada, es decir, que la madre necesariamente debe ingerir este tipo de grasas para evitar carencias.

El profesor Paul Haggarty, de la Universidad de Aberdeen, mostró las diferencias existentes en el plasma materno y en el cordón umbilical al analizar el balance de los omega 3 DHA:ALA, el derivado y su precursor respectivamente, y el balance de los omega 6 ARA:AL, derivado y precursor respectivamente. ¿Y por qué damos tantas vueltas al tipo de omegas y a su forma química? Seguro que todo cobra mayor sentido si explicamos que para la formación y el correcto funcionamiento del cerebro y la retina las grasas más importantes son los ácidos grasos DHA (n-3) y ARA (n-6). Por eso tiene una enorme coherencia que exista una mayor cantidad de DHA y ARA en el cordón umbilical (la vía de nutrición fetal) que en el plasma materno (la vía de nutrición materna), donde predominan los precursores ALA (n-3) y AL (n-6). Es más, el profesor Asim Duttaroy, de la Universidad de Oslo, publicó en 2009 otro estudio en el que describía la preferencia de entrada de grasas hacia el feto, corroborando lo que acabamos de comentar. Incluso puso de manifiesto el orden de transferencia hacia el feto: DHA, ARA, ALA y AL.

En resumen, y como ya hemos comentado anteriormente, aquí lo más importante es la supervivencia del feto, por lo que la evolución se ha encargado de perfeccionar cada proceso con el fin de asegurar que reciba el mejor sustento posible.

De acuerdo, lo tenemos claro, todos, embarazadas o no, niños y adultos, necesitamos consumir DHA y ARA en cantidad. Ahora bien, ¿dónde podemos encontrar estos preciados ácidos grasos? Se encuentran, entre otros, en la carne procedente de animales de pasto, en los huevos y en el pescado azul salvaje. ¿Pescado, estáis locos? ¡Está lleno de mercurio y otros contaminantes! Sí, los grandes sí, el pez espada, el tiburón, el lucio y el atún rojo son los que contienen más metilmercurio, así que evítalos. Pero no así los más pequeños. Además, cuando ingieres mercurio con selenio, diríamos que ingieres veneno y antídoto en un mismo *pack*, en un mismo alimento. Por suerte el pescado es rico en selenio. Por ello, las opciones más saludables para conseguir los ácidos grasos deseados y dejar de lado el mayor nivel de tóxicos posibles son: la sardina, el boquerón, el arenque o la caballa. Y te preguntarás, ¿y el atún en lata? En realidad esta sería una opción intermedia. Por un lado, no es de los pescados más contaminados (no es atún rojo), pero sigue siendo un pescado grande, por lo que debería consumirse con moderación.

Tras lo comentado y basándonos en los estudios científicos revisados, sabemos que los ácidos grasos DHA y ARA son claves para el desarrollo del cerebro y que este experimentará su máximo desarrollo en el último trimestre del embarazo, y que con mucha lógica será en esta época en la que habrá una absorción más importante de grasa por parte del feto. Entonces, ¿debe mamá suplementarse con DHA durante el embarazo?

### DHA, suplementar o no suplementar

La suplementación con DHA durante el embarazo es una práctica habitual. Pero ¿es necesaria? ¿Es correcta? No vamos a decir que, en muchos, quizá la mayoría de los casos, no haya que tomar dicha suplementación. Ahora bien, ¿no te parece que, si rebuscamos un poco en el baúl del sentido común, lo primero que tendríamos que hacer es aumentar la ingesta de aquellos alimentos ricos en DHA? Al menos no nos negarás que parece lógico. No obstante, y una vez adoptada la medida más sensata, hay numerosos estudios científicos que muestran los beneficios de la suplementación con DHA durante el embarazo, especialmente durante el último trimestre. En 2006, el grupo de la doctora Andrea Horvath del Departamento de Pediatría de la Universidad de Medicina de Varsovia publicó un metaanálisis de estudios de casos de control en el que mostraron que en mujeres con bajo riesgo de parto prematuro la suplementación con DHA durante la gestación podía disminuir hasta en un 31 % el riesgo de parto prematuro anterior a las 34 semanas de vida.

Yendo un poco más lejos, al año siguiente, el mismo grupo publicó una revisión sistemática, también de estudios de casos de control, en la que pusieron de manifiesto que la suplementación con DHA durante el embarazo en mujeres con alto riesgo de parto prematuro disminuía el riesgo de este en un 60 %.

Pero no solo eso, incluso existen investigaciones científicas que muestran la relación de la toma de suplementos de DHA durante el embarazo y la menor prevalencia de depresión posparto, como, por ejemplo, los estudios publicados por el grupo del doctor Joseph Hibbeln ya en el año 2002, entre ellos un análisis donde mostraban que las mujeres de países con menor consumo de pescado durante el embarazo (sin suplementación de DHA) tenían cincuenta veces mayor probabilidad de padecer depresión posparto.

Concluimos este nuevo apartado dedicado a las grasas con la esperanza de que tengas todavía más claro que las grasas son necesarias para el adulto e imprescindibles para el correcto crecimiento y desarrollo del feto y el futuro bebé. Grasas de calidad, por supuesto, y dando prioridad a los ácidos grasos DHA y ARA. Pierde el miedo, deja de lado dogmas arcaicos surgidos del interés y la manipulación. Deja de lado los productos comestibles bajos en…, ricos en…, *light* o 0 % y ¡come comida!

### Diabetes gestacional, ¿podemos hacer algo?

Seguro que si nos reuniésemos un grupo de personas seríamos varios los que podríamos exclamar: «Yo tengo una amiga que sufrió diabetes gestacional» o, peor aún: «Mi madre la sufrió» o: «Yo misma la sufrí». Desgraciadamente, estaríamos hablando de algo que se acepta como normal, frecuente, habitual o como quieras llamarlo. Pero no, la diabetes gestacional no es algo que aparezca de la nada, no es algo baladí, ni algo frente a lo que no podamos hacer nada, más bien todo lo contrario.

La diabetes gestacional es un cuadro de intolerancia a la glucosa que puede darse durante el embarazo, es decir, los transportadores de glucosa (GLUT) ubicados en la placenta y encargados de regular el transporte desde mamá, a través de la placenta, hasta el feto no regulan óptimamente el paso de glucosa, dando lugar a un aporte excesivo de glucosa no exento de consecuencias negativas, tanto para mamá como para el feto. Las mamás que sufren diabetes a lo largo de la gestación tienen una probabilidad de desarrollar diabetes tipo 2 (adquirida) mucho mayor a lo largo de la vida, al igual que tienen muchas papeletas para volver a sufrirla en un nuevo embarazo. ¿Y qué consecuencias puede tener para el feto, el neonato y el futuro adulto?

El impacto de la diabetes gestacional en los niños puede pasar desde casi desapercibido hasta acarrear complicaciones que asustan. El riesgo de muerte fetal y de complicaciones perinatales es mucho mayor, presentan un mayor peso al nacer (macrosomía), sin dejar de lado el incremento de la predisposición a padecer diabetes tipo 2, obesidad, complicaciones metabólicas, cardiovasculares e incluso cáncer, como muestran varios estudios epidemiológicos, como los de Moore (2010), Wu (2012) y Desai (2013). Cierto es que se trata de estudios observacionales, pero es complicado, sino imposible, llevar a cabo estudios clínicos de intervención en embarazadas por los riesgos que podrían suponer para mamá y su bebé. Pero sin duda se trata de asociaciones que deben hacernos reflexionar y ver hacia dónde nos estamos dirigiendo, sumidos como estamos en un mar de abundancia en el que los alimentos han dejado paso a los productos, el consumo de agua al consumo de refrescos, el descanso al estrés y el bienestar al malestar. Cada vez tenemos mejores hospitales, más profesionales sanitarios y mejor formados… ¿y? Cada vez es mayor la prevalencia de esas malditas enfermedades de la civilización, incluyendo una mayor incidencia de la diabetes gestacional.

¿Podemos hacer algo? Obviamente que sí, y sin necesidad de construir más hospitales ni inventar nuevos fármacos. Sabemos que la incidencia de la diabetes de cualquier tipo en las poblaciones que todavía conservan estilos de vida y alimentación más propias de nuestro pasado cazador-recolector es prácticamente nula. Mientras que su incidencia en los países industrializados se manifiesta, aproximadamente, en uno de cada diez embarazos, aunque su incidencia depende de los criterios de diagnóstico y de la población étnica. ¿A qué se deben estas diferencias entre la población con hábitos de vida occidental y la que todavía respeta los hábitos con los que evolucionamos? ¿Lo adivinas? Seguro que a estas alturas del libro este párrafo podrías escribirlo tú mismo. Se debe a la hiperglicemia a la que sometemos nuestro organismo a lo largo de la vida, también durante el embarazo, con un consumo desmesurado de productos refinados o azucarados: todo tipo de bollería, *snacks* tanto dulces como salados, galletas y cereales de desayuno, pan, pasta y arroz blancos, todo tipo de refrescos que puedan venirte a la memoria, el azúcar soluble que venden bajo el nombre de chocolate para desayunos y meriendas, los zumos envasados, y un largo etcétera de productos nocivos que hemos ido descubriendo y que suponen un factor de riesgo altísimo para predisponer a la diabetes gestacional. Por lo tanto, claro que puedes hacer algo para prevenir la diabetes gestacional, la primera medida que hay que tomar para prevenir o sobrellevar una diabetes gestacional, bueno, cualquier tipo de diabetes, es evitar todo este arsenal de azúcares camuflados en «alimentos». Además, y para dar mayor importancia al estado de salud de mamá antes de quedarse embarazada, numerosos estudios recientes relacionan la diabetes gestacional con el ambiente metabólico pregestacional. Lo que parece lógico: si mamá antes de quedarse embarazada tiene sobrepeso, obesidad, resistencia a la insulina o, en resumidas cuentas, inflamación de bajo grado, la predisposición a sufrir intolerancia a la glucosa durante el embarazo es muy alta.

### Las alteraciones de mamá: incómodas pero necesarias

Durante un embarazo normal, entendiendo por normal la ausencia de enfermedad, la madre experimenta cambios importantes a todos los niveles: metabólico, inmunológico y endocrino. Cambios que, aunque muchas veces resultan desagradables para la mujer, son necesarios, y por ello se los denomina «cambios fisiológicos» (que deriva de «fisiología», *physis*, «naturaleza», y *logos*, «conocimiento», «estudio»). Así pues, a lo largo de la gestación es normal que se produzcan tanto una disminución de la sensibilidad a la insulina como un aumento de adipoquinas inflamatorias, moléculas sintetizadas y liberadas por el tejido adiposo que dan lugar a una inflamación de bajo grado y generalizada del organismo. Y aunque todo esto puede resultarnos bastante confuso, y algunos se pregunten cómo va a ser normal que mamá se inflame durante el embarazo, se trata de un proceso que, además de natural, es necesario.

Una vez más, nuestro complejo y cuasi perfecto organismo nos ha equipado con los mecanismos necesarios que aseguran nuestra supervivencia ya desde la concepción. Es lógico que mamá se inflame y que sufra diversas alteraciones que en otros contextos nos informarían de que algo no marcha bien, pero que en el caso del embarazo permitirán que el bebé tenga todo el sustento energético que necesita para asegurar su viabilidad o, dicho de otra manera: mamá se inflama para proteger y alimentar a su bebé. Veamos cómo.

En primer lugar, mamá sufre una disminución de la sensibilidad a la insulina que tiene como consecuencia un aumento fisiológico de la glicemia (nivel de azúcar en sangre) para que el feto no llegue a sufrir un déficit de glucosa. Remarcamos, ¡fisiológico! Si sobrepasamos los niveles normales, el resultado será la intolerancia a la glucosa o, peor aún, la diabetes gestacional.

En segundo lugar, mamá sufre una disminución de la sensibilidad a la leptina e incluso resistencia a esta. La leptina es una adipoquina, es decir, una de las múltiples sustancias que segrega el tejido adiposo. Hoy sabemos que el tejido adiposo no es un mero almacén de grasa, es mucho más que eso: es quizás el mayor órgano endocrino del cuerpo humano. ¿Te imaginas las alteraciones hormonales que tendrán lugar en personas con una excesiva acumulación de grasa? Muchas, muchísimas. La leptina regula infinidad de procesos neuroendocrinos, entre ellos, la saciedad. Durante el embarazo, y una vez más de forma fisiológica, se produce una disminución de la sensibilidad a esta hormona y, consecuentemente, un aumento de la sensación de hambre en mamá. Esto es coherente porque, ahora, mamá tiene que alimentar no solo a sus células, también a las del feto y, además, adquirir reservas energéticas para el periodo de lactancia.

En conclusión, durante el embarazo y de forma natural, mamá sufrirá tanto resistencia a la insulina como resistencia a la leptina. Estas resistencias, que en otro contexto se manifiestan como alteraciones no deseadas, son una estrategia fisiológica ideal que asegura la nutrición del feto a lo largo de la gestación y favorecen un aumento de las reservas grasas de mamá con las que poder cubrir el incremento de las demandas energéticas que experimentará durante la lactancia para producir el mejor alimento, y único lácteo, diseñado para la especie humana: la leche humana.

## Microbiota intestinal, un actor clave durante la gestación

En el contexto de la obesidad, trabajos recientes sugieren que los microorganismos que habitan en nuestros intestinos, nuestra microbiota intestinal, desempeñan un papel importante en la génesis de los trastornos metabólicos como el sobrepeso, la obesidad y la diabetes tipo 2. Trastornos con un denominador común: la ya comentada inflamación generalizada de bajo grado (metainflamación).

El grupo del doctor Omry Koren, del Departamento de Microbiología de la Universidad Cornell de Nueva York, publicó en 2012 un estudio brillante en el que mostraba que entre el primer (T1) y el tercer trimestre de embarazo (T3), la composición microbiana del intestino de mamá sufría cambios que daban lugar a alteraciones metabólicas propias de personas con síndrome metabólico, como resistencia a la insulina y a la leptina e incremento de triglicéridos plasmáticos. Se trata de modificaciones que en hombres y mujeres no embarazadas serían consideradas disbióticas (desfavorables). Sin embargo, en el contexto de un embarazo saludable, resultan beneficiosas.

El doctor Koren y sus colaboradores mostraron que la composición bacteriana en el T1 es similar a la de mujeres sanas no embarazadas, mientras que en el T3 se produce un cambio importante del ecosistema intestinal, asemejándose mucho más a una microbiota intestinal inflamatoria, es decir, más propia de personas con obesidad y diabetes tipo 2.

Pero ¿qué sentido tiene que mamá transfiera a su bebé un ecosistema intestinal proclive a la inflamación? No, eso no es exactamente así. Es cierto que el bebé sufre la más importante colonización durante el parto, y que durante este recibe los microorganismos que colonizan los intestinos y la vagina de mamá (contando que sea un parto natural), y pese a que sería lógica la deducción anterior, no es cierta. Se encontró que, independientemente de su edad, la composición bacteriana de los niños era más similar a la de las bacterias que poblaban el intestino de sus madres en el primer trimestre que en el tercero. Esto indicaría que la microbiota «inflamatoria» que posee mamá en el tercer trimestre se encuentra en desventaja selectiva frente a la microbiota eubiótica (saludable) que ya posee el intestino del bebé. Por lo que la programación de su microbiota, y por ende de su sistema inmune y su salud, no se ven comprometidas.

En conclusión y según los últimos avances científicos, la microbiota intestinal de mamá sufre importantes variaciones a lo largo del embarazo, cambios que favorecen un mayor aporte energético al bebé para asegurar su desarrollo. «Pero, un momento, habéis dicho que el bebé posee bacterias del primer trimestre de embarazo, pero ¿el intestino del bebé no era estéril hasta el nacimiento?» Rompamos mitos.

### El intestino del bebé dentro de mamá no es estéril. Un dogma menos

Durante mucho tiempo se ha considerado que el tracto gastrointestinal de un feto normal era estéril hasta el nacimiento y que era rápidamente colonizado durante y después del parto, bien cuando la mucosa oral del niño entra en contacto con la microbiota de la vagina o bien con los microorganismos cutáneos, en función del tipo de parto. A día de hoy, y de acuerdo con las últimas investigaciones científicas, sabemos que el intestino del bebé no es estéril en el momento del parto. La colonización del intestino se inicia en el útero.

Aunque todavía no se conocen con exactitud los mecanismos implicados, los diferentes trabajos que han detectado la presencia de bacterias en el tejido placentario, en la sangre del cordón umbilical, en el líquido amniótico, en las membranas fetales y en el meconio de los recién nacidos sanos sin ningún signo de infección o inflamación confirmarían que el primer contacto del ser humano con los microorganismos que pueblan sus intestinos es anterior al momento del nacimiento, apoyando la hipótesis de la colonización intrauterina.

«Influencias maternas sobre la colonización microbiana fetal y el desarrollo inmunológico» es el título de la revisión publicada en la revista *Pediatric Research* en 2015, realizada por la doctora Joann Romano Keeler y el doctor Jörn Hendrik Weitkamp, ambos médicos investigadores especialistas en medicina neonatal y patologías asociadas con infecciones y alteraciones inmunológicas. Gracias a trabajos como este, es más fácil comprender cómo la genética materna, la dieta, los medicamentos y los probióticos afectan al microbioma fetal, y cómo todo esto influye sobre el desarrollo del sistema inmunitario del neonato. Tal como citan los autores del trabajo, el dogma del intestino estéril se ha mantenido vigente durante un largo tiempo, pero no deja de ser sorprendente teniendo en cuenta que la transmisión microbiana materna es un fenómeno universal en el reino animal. Se ha postulado también que se trata de un mecanismo evolutivo conservado con un papel crucial en el desarrollo de un sistema inmunitario equilibrado del recién nacido.

Son muchos los investigadores que llevan años defendiendo la hipótesis de la colonización intrauterina y las importantes implicaciones que esto tiene sobre la salud presente y futura del niño. El prestigioso doctor Josef Neu, referente internacional en el estudio de la neonatología, afirmaba en una revisión publicada en 2015: «Por tanto, el dogma clásico de que el recién nacido emerge de un ambiente estéril debe considerarse como un supuesto de miope». Está claro que el sistema inmune fetal, especialmente del intestino fetal, evoluciona rápidamente durante la gestación, y que las morbilidades posnatales tales como la enterocolitis necrotizante, la enfermedad pulmonar crónica, la enfermedad de la sustancia blanca del cerebro y otras condiciones inflamatorias son propensas a ser afectadas por la colonización microbiana que se produce mucho antes de que el niño deje el útero.

Y una vez aclarado este malentendido con categoría de dogma acerca de la esterilidad del intestino del recién nacido, y ahora que sabemos que la programación de la microbiota intestinal del bebé da inicio en el vientre materno, sumamos un motivo más por el que mamá debe cuidar al máximo todos los factores que influyen, para bien o para mal, en la composición de su microbiota intestinal: enfermedades, fármacos, estrés, tabaco, alcohol, sobrepeso al inicio del embarazo, excesivo aumento de peso durante la gestación, alimentación, actividad física, etcétera.

## El papel de papá

Después de hablar tanto de mamá, de dar tantas recomendaciones y tantas que nos quedan por dar, nos asalta la duda de: ¿y papá? ¿Qué papel tiene? ¿Está libre de toda responsabilidad? ¿Da igual que fume, que beba, que tenga sobrepeso u obesidad? En buena lógica, papá deberá estar ayudando a mamá y preocuparse porque ella tenga el mejor ambiente posible durante la gestación. Y esto incluye evitar todo tipo de tentaciones o hábitos tóxicos alrededor de mamá. Pero no solo eso, ahora sabemos que el peso de papá también influye en la predisposición que el niño tendrá a ser obeso. Eso de momento, pero no nos cabe duda de que poco a poco sabremos más y veremos cómo lo que papá es y hace queda grabado, literalmente a fuego, en su esperma y, por ende, en su descendencia.

La doctora Ida Donkin y sus colaboradores publicaron en febrero de 2016 un estudio realmente importante en el que concluyeron que los hombres obesos pueden transmitir una disfunción metabólica a sus hijos. Esto sería así debido a que la información que alberga el esperma se ve condicionada por el peso de papá. Los investigadores han encontrado que las regiones de los genes que inciden sobre el control del apetito presentan diferencias según si el padre es obeso o delgado. Lo que, entre otras claves, podría dar respuesta al motivo por el cual los hijos de padres con obesidad tienen mayor predisposición a padecer obesidad.

En palabras del doctor Romain Barrés, director de la investigación, «nuestro estudio puede provocar un cambio de comportamiento, particularmente en el comportamiento de los padres antes de la concepción. Y es que, si bien se sabe que las mujeres deben cuidar de su salud durante su embarazo, es decir, que no deben beber alcohol, deben evitar la contaminación, etcétera, estas recomendaciones también deberían hacerse a los hombres». Esperamos que este estudio y otros similares que vendrán a corroborar sus hallazgos y sospechas hagan que tú, futuro papá, tomes conciencia de la importancia de aplicar en ti mismo todos los consejos de salud que has leído y leerás en este libro. Tu salud marca la de tu esperma y, por tanto, la de tus hijos.

### Lo más importante

Finalmente, y después de toda la información que hemos analizado a lo largo de este viaje por las rutas de la gestación, nos gustaría que te quedases con unas pocas ideas fundamentales:

1. El aporte de nutrientes al feto dependerá de su disponibilidad (que mamá coma) y de la capacidad de transporte de la placenta.
2. Los ácidos grasos son imprescindibles para el buen desarrollo del feto.
3. Existe un gran número de mecanismos para regular la glicemia durante el embarazo.
4. El intestino desempeña un papel clave en el control de la glicemia y, por tanto, la salud intestinal de mamá es clave para una correcta tolerancia a la glucosa.
5. El aumento desmesurado de diabetes gestacional no es normal. Su elevada prevalencia es una prueba objetiva de que estamos haciendo las cosas rematadamente mal, especialmente en lo que atañe a la prevención.
6. El intestino del bebé no es estéril dentro del útero y su colonización dependerá del ambiente de mamá.
7. La microbiota intestinal tiene mucho que decir sobre el buen o mal funcionamiento de los múltiples elementos reguladores implicados en el embarazo. Una correcta

alimentación y un estilo de vida sano durante el embarazo son esenciales para la salud del bebé a lo largo de toda su vida.

8. Y, querido papá, no te salvas, tu papel también es muy importante, ¡no delegues tu responsabilidad!


## 3.2. El parto: la gran colonización

Seguramente, nosotros, en masculino, no somos nadie para valorar la dolorosa cuestión de escoger entre un parto natural o por cesárea, y más o menos medicalizado. Todo eso contando con que se pueda escoger. Ahora bien, en las próximas líneas intentaremos mostrarte a ti, futura mamá, a tu entorno y a ti, profesional de la salud, la importancia que un parto natural tiene para la correcta colonización del tracto gastrointestinal del recién nacido. Como hemos comentado, todos estamos de enhorabuena, ahora sabemos que el intestino del bebé no es estéril al nacimiento. No obstante, y sin restarle un ápice de importancia, podríamos decir que los colonos que ya habitan en nosotros antes de pasar por el canal de parto solo son una avanzadilla de la gran colonización: el parto.

Cuando se analizan las heces de neonatos y lactantes, pues es en las heces donde podemos hacernos fácilmente una idea sobre quienes habitan en nuestros intestinos, los microbios que encontramos tienen un parecido muy marcado con los perfiles bacterianos del canal del parto y de la leche materna.

De modo que, mientras que los bebés nacidos por parto vaginal son colonizados en un primer momento por bacterias fecales y vaginales de la madre tal como la evolución ha establecido, los bebés nacidos por cesárea están expuestos inicialmente a bacterias propias de la piel de mamá, presentan bajos recuentos de bacterias intestinales y menor diversidad durante las primeras semanas de vida. Estudios longitudinales (con seguimiento de los casos a lo largo del tiempo) han demostrado que la persistencia de una microbiota intestinal diferente no es algo transitorio a corto plazo; al contrario, la alteración se mantiene a los cuatro meses, e incluso alcanzados los dos años se observa una menor diversidad bacteriana. Y tener una microbiota intestinal alterada durante la ventana de oportunidad, los compases más importantes de la vida para el desarrollo, entre otros, del sistema inmune (nuestro sistema defensivo), se traduce en una peor programación de la salud. De modo que la interrupción de la transmisión de microorganismos de la madre al recién nacido mediante el parto por cesárea puede aumentar el riesgo de enfermedad celíaca, de asma y de diabetes tipo 1. Además, el doctor Noel Mueller y sus colaboradores publicaron un trabajo en 2015 en el que mostraban cómo el parto por cesárea se asocia con un riesgo un 46 % mayor de desarrollar obesidad infantil.

Y por si esto no fuera suficiente, el parto por cesárea también favorece la exposición inicial a bacterias provenientes del medio hospitalario, y esto no es bueno, nada bueno. Para hacerse una idea de las repercusiones que puede tener esto, vamos a contar algo que, seguramente, terminará de convencerte de la importancia del parto vaginal y de lo poco saludable que resulta para nuestra salud el ambiente hospitalario y sus «bacterias hospitalizadas».

El Dr. Claesson y colaboradores de la Universidad de Cork, en Irlanda, publicaron en 2012 un artículo con datos obtenidos del proyecto ELDERMET en el que compararon la microbiota intestinal de pacientes que acudían al hospital para su rehabilitación, la de pacientes hospitalizados y la de personas que no acudían al hospital. Pues bien, la diferencia en la composición de aquellos que no acudían al hospital respecto a los que estaban ingresados en el hospital durante un periodo superior a seis semanas era enorme. Una estancia prolongada en el hospital se traducía en un ecosistema intestinal alterado, distanciado del patrón considerado sano. Así que, y haciendo un ejercicio de visualización, si imaginamos a un niño recién nacido que no entra en contacto con las bacterias propias de la zona vaginal, que su primer contacto tras abandonar el vientre materno es con la piel de mamá, que posee un ecosistema intestinal muy distinto, y que, además, el primer lugar que «visita» son unas toallas colonizadas por bacterias hospitalizadas, comprenderemos que no estamos favoreciendo demasiado la salud presente y futura del bebé. Sin duda, el parto natural es, si la hay, la mejor opción para la programación de la microbiota intestinal y de la salud.

¿Y qué hay de la duración del embarazo? ¿Influye esto sobre la composición de la microbiota? ¿Sobre la maduración del sistema inmune? De nuevo, la evolución ha querido que necesitemos habitar en el útero materno durante 42 semanas para asegurar nuestro correcto desarrollo y, con ello, aumentar nuestras posibilidades de supervivencia. Y si los bebés que desgraciadamente nacen pretérmino logran, en la mayoría de los casos, sobrevivir, se lo debemos al avance de la ciencia y la tecnología. Somos cañeros con la triste y manipulada realidad en la que vivimos, pero, aparte de unos índices bestiales de obesidad, de diabetes y de patologías autoinmunes, por citar algunas de las crecientes enfermedades de la civilización, la industrialización también nos aportó cosas maravillosas. Sobrevivimos a eventos y patologías que hace unas décadas habrían significado la muerte, con lo que conseguimos vivir más, lo de mejor es discutible. Además, los profesionales de la salud estamos cada vez mejor formados. Y eso se nota, y mucho, en la esperanza de vida.

Centrándonos en cómo afecta el tiempo de gestación a aquellos que pueblan nuestros intestinos, sabemos que la microbiota de los bebés prematuros es distinta a la de los bebés nacidos a término. Concretamente, su microbiota intestinal se caracteriza por una menor diversidad y por un mayor número de bacterias potencialmente «malas», unido a un menor número de bacterias «buenas», en especial, menor proporción de *Bifidobacterium* y *Bacteroides* en comparación con los bebés nacidos a término, y esto, claro está, no es bueno. Pero no solo esto, el parto prematuro se asocia también con la enterocolitis necrotizante neonatal, un trastorno intestinal inflamatorio severo. Y se ha visto que este trastorno está relacionado con la microbiota intestinal, concretamente con los altos niveles de proteobacteria que, de hecho, son predictivos de la enfermedad. ¿Y qué bacterias están elevadas en el parto prematuro? ¡Exacto! Las proteobacterias.

Pero pese a todo lo expuesto sobre las malas pasadas que un parto prematuro, por cesárea y medicalizado puede jugarle a la salud presente y futura de los más pequeños, quedémonos con la parte positiva: está en nuestras manos hacer todo lo posible para que el parto sea vaginal y lo menos medicalizado posible. Y si mamá lleva a cabo unas pautas de salud coherentes con la evolución: nada de tabaco, nada de alcohol, deporte sí, maratones no, trabajo sí, estrés descontrolado no, mejor el campo que la polución de la ciudad, una alimentación saludable tal como hemos visto, mucho descanso y, cómo no, paz y amor (mente tranquila y contacto físico), seguro que el riesgo de sufrir un parto prematuro o disbiosis materna y neonatal se reduce sustancialmente.

### Restaurar la microbiota intestinal del parto, ¿magia o sentido común?

Hay personas que profesan admiración por cantantes o deportistas famosos, nosotros, sin desmerecer a nadie, somos más de admirar a las personas que dedican su vida a mejorar la calidad de vida de los demás y que, además, lo hacen guiadas por las directrices de la naturaleza y no por las de naturaleza económica. Y de entre ellas, sobresale una, la doctora María Gloria Domínguez-Bello, profesora e investigadora en la Escuela de Medicina de la Universidad de

Nueva York y referente mundial en el estudio de la microbiota intestinal.

Esta prestigiosa doctora publicó en 2016 los primeros resultados de un estudio que puede revolucionar la programación de la microbiota en los partos por cesárea. Ante las consecuencias no deseables para la salud del bebé que se relacionan con los partos por cesárea, la doctora Domínguez Bello tuvo una idea tan fácil y barata como genial. Una hora antes del parto por cesárea se introduce una gasa estéril en la vagina de mamá que se mantiene hasta unos minutos antes de dar a luz. Una vez que el bebé sale por el vientre de mamá, lo primero que se hace es pasar por la boca y la nariz, y luego por todo el cuerpo del recién nacido, la gasa impregnada con el flujo vaginal y todos los microorganismos vaginales que este contiene.

¿Qué te parece? Sencillo pero brillante. ¿Los resultados? Los niños a los que se les aplicó el protocolo de la gasa con los microbios de la vagina de mamá lograban una restauración parcial de su microbiota, un ecosistema intestinal más semejante al de niños nacidos por parto vaginal. Una restauración parcial pero muy importante para una mejor programación de la salud. Esperamos que pronto este protocolo sea una realidad en todos los hospitales, aunque se haga todo lo posible para favorecer un parto natural. Puesto que, al final, estamos en lo de siempre, cuanto más en consonancia están nuestros hábitos de vida (alimentación, estrés, descanso, etcétera) y nuestras decisiones (parto, lactancia, lugar de residencia, etcétera) con lo que fue la esencia de nuestra especie, más nos acercamos a nuestro objetivo de partida: niños sanos, adultos sanos.

### 3.3. La lactancia materna

Permítenos que empecemos este apartado con un resumen final: no hay ningún alimento que pueda equipararse a la leche humana para la correcta alimentación y programación de la salud del ser humano. Siempre que sea posible, la lactancia materna ha de ser el alimento del recién nacido. Veamos el por qué y hasta cuándo extenderla.

Muchas son las páginas que hemos dedicado a hablar de alimentación, y muchas las dedicadas a conocer mejor la microbiota intestinal. Tras su concepción, el pequeño se gestó y nació, una etapa y un hito que nos marcan de por vida. Ahora toca abordar la siguiente etapa, una nueva oportunidad para seguir afianzando la programación de nuestra salud e, incluso, para reprogramar lo que no se pudo hacer del todo bien.

Llegó el momento de empezar la alimentación del bebé, un momento crítico. Se antoja muy complicado encontrar un alimento que sea adecuado para nutrir un organismo sumamente inmaduro, con todos sus órganos y sistemas aún por desarrollar, incapaz de hacer frente a prácticamente cualquier tipo de sustancia o alimento ingerido. Para lograr la supervivencia de un organismo tan endeble sería necesario que existiese un alimento que, además de nutrirlo correctamente, le ayudase a formar un sistema inmunológico fuerte y que permitiese su desarrollo neurológico y emocional, todo lo cual se traduciría en una mejor programación de su salud física, emocional y social a lo largo de toda su vida. Por suerte, ese alimento existe, es blanco y contiene muchos nutrientes, además de factores de crecimiento y otros compuestos de vital importancia.

Tras el parto, se corta un nexo de unión, el cordón umbilical, pero se crea otro que mantendrá a mamá y a sus crías unidas durante meses: la lactancia materna. Y es que alimentarnos del seno materno es algo inherente a los mamíferos. Seguro que has visto muchos documentales en los que lo primero que hacen los animales recién nacidos es buscar el contacto con la madre, más concretamente con el pecho de la madre. Vacas, caballos, cebras, leones, gatos, perros…, todas las crías buscan instintivamente el pecho de sus madres nada más nacer. ¿Y sabes qué tenemos en común con todas estas especies? Pues que, como ellas, nosotros también somos mamíferos. Por lo tanto, lo primero que deberíamos hacer tras el parto es facilitar el contacto con mamá y permitir que el recién nacido inicie la ingesta de ese superalimento que mamá genera exclusivamente para él.

¿Y sabes una cosa? Estamos contentos porque todo esto ya no está respaldado únicamente por el sentido común y la coherencia evolutiva, también la ciencia afirma que la leche materna es un alimento único que, debido a su compleja composición, se hace muy difícil que pueda ser imitado, y que se trata del mejor alimento que puede recibir un bebé.

Estamos contentos, a la vez que hay cosas que nos entristecen. Se tiende a poner fechas límite al tiempo que mamá debe dar de mamar a su hijo. Todavía es posible escuchar: «Cuidado que no se vaya a malacostumbrar», «Vigila que estás malcriando al niño», «Lo estás sobreprotegiendo», «Verás como de mayor no puede separarse de ti», y lindezas del estilo. ¡Qué difícil lo hacemos, con lo fácil que es! En el capítulo de herramientas, trataremos la inteligencia emocional y hablaremos más en profundidad de estos aspectos. Al final, si integramos la necesidad de respetar al máximo los designios de la naturaleza y la evolución, y logramos entender que la lactancia materna puede incluso predisponer a un niño a tolerar mejor el estrés en la edad adulta, será más sencillo promover que los bebés mamen 12, 16, 24 o los meses que hijo y mamá deseen.

### ¿Qué contiene la leche materna que la hace insustituible?

¿Por qué la lactancia materna es tan buena para el bebé? ¿Cómo le ayuda a desarrollar sus defensas? ¿Por qué se insiste en que la leche materna no puede ser igualada por las leches de fórmula? Desde hace tiempo sabemos que la lactancia materna provee a los lactantes, además de todos los nutrientes que necesita, de los factores inmunomoduladores que su sistema inmune aún inmaduro necesita para desarrollarse. De lo que no hace tanto tiempo que tenemos constancia es de la enorme importancia que tiene en la composición de la leche materna una de las protagonistas de este libro: la microbiota. Hemos comentado que las bacterias que habitan en nuestros intestinos colonizarán el intestino del bebé, pero lo que todavía no habíamos dicho es que la leche materna es también una fuente de bacterias y, al mismo tiempo, una fuente de alimento para estas, ¡fascinante! Son bacterias que proceden del intestino de mamá, y esto que acabamos de decir es de gran trascendencia, puesto que nos indica que mamá debe seguir cuidando, y mucho, su alimentación y su bienestar intestinal y emocional. A este nexo de unión entre intestino y glándulas mamarias lo denominamos *breast-gut axis*.

Ahora sabemos que los lactantes amamantados están expuestos a la microbiota de la leche, que, según muestran los estudios, puede contener más de setecientas especies de bacterias, tal como ya en el año 2012 puso de manifiesto el grupo de la doctora María Carmen Collado, investigadora española y una de las máximas autoridades internacionales en el campo de las implicaciones de la microbiota en el entorno materno-infantil. Gracias a sus trabajos, sabemos que a los tres o cuatro días de vida, la composición de la microbiota intestinal infantil empieza a parecerse a la detectada en el calostro. Por eso la composición de la microbiota intestinal presenta grandes diferencias entre los lactantes alimentados con leche materna y aquellos que reciben la lactancia artificial.

Además de nutrientes y bacterias, la doctora Collado y otros grupos de investigación han mostrado cómo la leche de mamá nos aporta también una gran cantidad de oligosacáridos complejos con actividad prebiótica, es decir, la misma leche aporta las bacterias buenas y sus alimentos (los prebióticos), necesarios para estimular el crecimiento de grupos específicos de bacterias beneficiosas para nosotros. Pero aún hay más, la leche humana se considera el alimento óptimo por ser una fuente de compuestos bioactivos como hormonas, enzimas, inmunoglobulinas (principalmente inmunoglobulina A secretora), lactoferrina, factores de crecimiento, citoquinas y agentes antiinflamatorios. ¡Realmente este alimento es la leche!

De especial interés resultan los oligosacáridos de la leche humana (HMO, del inglés *human milk oligosaccharides*), puesto que consiguen el mejor estímulo que necesitan las bacterias beneficiosas de los más pequeños. Los HMO son un grupo de glicanos complejos y diversos que son resistentes a la digestión gastrointestinal y alcanzan el colon infantil como los primeros prebióticos que alimentan a nuestra microbiota, es decir, son el primer alimento para nuestra microbiota tras el nacimiento. Se han descrito más de un centenar de HMO diferentes que las leches de fórmula no pueden imitar. Estos estimulan el crecimiento de bifidobacterias, razón por la cual en sus inicios se les llamó «el factor bífidus», y, por tanto, modulan selectivamente la composición microbiana en el intestino del lactante. Además, los HMO actúan como receptores señuelo bloqueando la unión de patógenos, ya sean virus, bacterias o parásitos, con lo que ayudan a prevenir enfermedades infecciosas del intestino, así como de las vías urinarias y respiratorias. También actúan directamente como antimicrobianos ejerciendo como agentes bacteriostáticos o bactericidas. Además, los HMO modulan el epitelio intestinal del anfitrión y las respuestas de las células inmunes, todo lo cual puede tener efectos beneficios para el recién nacido. Y por si no fuesen suficientes los beneficiosos para el intestino y el desarrollo del sistema inmune, los HMO contribuyen también al desarrollo del cerebro del lactante.

Una situación ante la que la lactancia materna exclusiva parece tener superpoderes, es cuando a mamá se le administran antibióticos durante el parto. La Dra. Azad y colaboradores publicaron en 2016 un estudio de seguimiento de 198 neonatos desde su nacimiento hasta el primer año de vida, estudiando tanto partos naturales como por cesárea, y tanto partos con administración de antibióticos a la madre como partos libres de antibióticos. La cuestión que resolver por parte de los investigadores fue: ¿puede la lactancia materna exclusiva reparar los daños causados en el microbioma del bebé cuando se utilizan antibióticos durante el parto como profilaxis? Y la respuesta es magnífica: la lactancia materna exclusiva durante al menos tres meses puede disminuir el efecto negativo que el uso de antibióticos durante el parto provoca en el microbioma del bebé. Ya lo ves, la lactancia materna es una herramienta increíble con la que podemos reprogramar, al menos en parte, la microbiota intestinal del bebé cuando las cosas no se han podido hacer del todo bien durante la gestación y el parto.

Y para terminar vamos a ver dos estrategias realmente eficaces para evitar una modificación perjudicial de las preciadas bacterias presentes en la leche de mamá. La primera: controlar el peso. La segunda: evitar el estrés durante la gestación, especialmente en las últimas semanas antes del parto. Mamá debe controlar su peso corporal, tanto en el momento de la concepción como a lo largo del embarazo. La doctora Collado y sus colaboradores mostraron cómo las mamás con sobrepeso y aquellas que ganaban más peso del recomendado durante la gestación producían una leche con menor diversidad de bacterias, todo ello negativo para el bebé. Además, observaron que el tipo de parto también afecta a la microbiota de la leche materna, identificaron que la leche de madres sometidas a cesáreas programadas era diferente y más pobre en microorganismos que la de las mujeres que dieron a luz por parto natural. Curiosamente, cuando la cesárea era intraparto (no programada), la composición microbiana de la leche era muy similar a la de las madres que dieron a luz por parto natural. Estos resultados parecen indicar que el estado hormonal de la madre ante el parto desempeña un papel importante sobre la composición de la microbiota. En palabras de los propios investigadores: «La falta de señales de estrés fisiológico, así como de las señales hormonales propias del trabajo de parto, podrían influir en la composición y diversidad microbiana de la leche materna». Estas diferencias en la diversidad y composición en función del tipo de parto fueron corroboradas por el mismo grupo en un estudio posterior publicado en el año 2015.

Así pues, queda claro que el mundo microbiano que habita en nuestro interior es mucho más complejo de lo que se creía, que somos un todo, que estamos interconectados, que lo de arriba afecta abajo y lo de dentro afecta a lo de fuera. Evitar el estrés crónico y llevar a cabo un parto natural siempre que sea posible son dos herramientas clave para que la leche materna y su microbiota sean las idóneas para la correcta programación de la salud.

**Breast-gut axis:** *traficando con bacterias.*
*La hipótesis revolucionaria, la migración activa*
Una de las grandes preguntas que a día de hoy aún genera ciertas dudas entre los científicos que investigan sobre las bondades de la leche materna es cómo llegan las bacterias a ella. Muchos años atrás surgió una hipótesis que fue ampliamente aceptada entre la comunidad científica. Hasta hace poco tiempo se creía que la presencia de bacterias en la leche materna se debía a una contaminación de la leche con las bacterias presentes en la boca del bebé y en la piel de mamá. Como en muchas ocasiones, la hipótesis alcanzó el estatus de dogma, aunque los dogmas también reciben críticas e incluso se derrumban. Recientes estudios científicos desmontan estas afirmaciones justificando que determinadas bacterias abundantes en la leche materna son anaerobias estrictas, por lo que no podían proceder exclusivamente ni de la boca ni de la piel de mamá. Además, las bacterias pueden ser aisladas del calostro antes de que el bebé tenga contacto con el seno materno y, por si no fuera suficiente demostración, bacterias beneficiosas (probióticos) administradas a madres lactantes por vía oral pueden encontrarse finalmente en la leche humana. Por tanto, al igual que si tú comes algo puedes encontrarlo después en tu sangre porque

hay un proceso de absorción y distribución que lo lleva hasta allí, si mamá ingiere algo que podemos encontrar en su leche, también existe un proceso de absorción y distribución que lleva las bacterias de mamá hasta su leche. Y, efectivamente, este eje existe, y como su nombre en inglés es molón, lo mantenemos. Veamos con un poco más de profundidad cómo funciona el *breast-gut axis*.

Varios son los grupos de investigación que han puesto de manifiesto el funcionamiento de este eje. Por ejemplo, el grupo del doctor Juan Miguel Rodríguez, de la Universidad Complutense de Madrid, publicó en 2014 una revisión donde resumía cómo tiene lugar la migración bacteriana desde el intestino hasta la glándula mamaria, el llamado «tráfico de bacterias». En el último trimestre de embarazo es cuando da comienzo el tráfico de bacterias desde el intestino hasta la glándula mamaria, para ello células inmunitarias (células dendríticas o macrófagos) captan bacterias del epitelio intestinal que transportan posteriormente hacia el sistema linfático, para desde allí y a través del sistema común mucótico llegar a la glándula mamaria, donde pasarán a formar parte de la leche materna. Dicho de otro modo: centinelas que están en contacto con el intestino de mamá cazan bacterias del intestino y las transportan vivas hacia un ascensor que comunica con varios pisos de nuestro cuerpo. Una vez dentro del ascensor aprietan el botón «teta», suben hasta la teta de mamá y cuando se abre la puerta del ascensor, estos centinelas echan las bacterias en la leche materna. La doctora Prescilla Jeurink, de la Universidad de Wageningen en Holanda, denomina a este proceso «la hipótesis revolucionaria, la migración activa».

Este tráfico de bacterias se extiende a lo largo del periodo de lactancia y cesa con el destete. Por tanto, podemos concluir que el eje entero-mamario, *breast-gut axis* en inglés, establece una conexión entre el intestino y la glándula mamaria gracias a la inestimable labor a modo de autopista del sistema linfático, por el que, como si de automóviles se tratasen, circulan las bacterias que acabarán poblando el intestino del bebé. Y no hablamos de una carretera secundaria por la que transcurren unas pocas bacterias, sino de una verdadera autopista por la que circulan a toda velocidad las $1 \times 10^5$ y $1 \times 10^7$ (muchísimas) de las cerca de setecientas especies de bacterias que recibe el lactante en los aproximadamente ochocientos mililitros de leche que toma cada día.

Resulta increíble que después de tantos años queriendo aniquilar microbios de nuestro entorno, ahora entendamos que nuestras células inmunitarias no destruyen a esos microbios «buenos», todo lo contrario, los miman con sumo cuidado. Los procesos hormonales propios del embarazo protegen y evitan su destrucción, permitiendo que estas bacterias sean transportadas hasta las glándulas mamarias a la espera de que el recién nacido tome sus primeros sorbos del mejor de los alimentos, la lecha materna. Nos encontramos, pues, ante una prueba más de la necesidad de albergar y cuidar a las bacterias comensales con las que hemos coexistido y coevolucionado exitosamente para finalmente transferirlas a nuestra descendencia y asegurar así una programación exitosa de su salud.

## *«Mastitis: el lado oscuro de la lactancia»*

Así se titula el libro escrito por los doctores Leónides Fernández y Juan Miguel Rodríguez. En él puedes encontrar toda la información que desees sobre la relación entre la microbiota mamaria y la mastitis. Nosotros, aquí, te ofrecemos unas pinceladas sobre tan dolorosa cuestión. La mastitis, también llamada absceso subareolar, ectasia ductal o inflamación periductal, se define como una inflamación de la glándula mamaria y se trata de una de las principales causas de abandono de la lactancia materna. Pero ¿qué es exactamente la mastitis? ¿Cómo se produce? ¿Qué factores están implicados? Las investigaciones científicas más reciente ponen de manifiesto que la mastitis se debe a una disbiosis bacteriana en la glándula mamaria, concretamente a un sobrecrecimiento de determinadas bacterias que da lugar a la inflamación. Esta alteración puede ocurrir en cualquier momento de la lactancia, y los datos sugieren que afecta a entre el 3 y el 33 % de las madres lactantes. En España, la Asociación Española de Pediatría cifra en un 10 % los casos de mastitis y alerta de su aumento.

El mecanismo que se esconde detrás de este proceso infeccioso es la formación de una biopelícula o biofilm creada por las bacterias y que conlleva una reducción del espacio de los conductos galactóforos, que son los «túneles» por donde viaja la leche materna. Al quedarse obstruidos, se genera una presión sobre el epitelio mamario que produce un dolor en forma de pinchazo. El cuadro puede acompañarse de rojez en la zona, deformación del pecho por el exceso de presión y fiebre. Los principales agentes infecciosos suelen ser del género *Staphylococcus* y *Streptococcus*, y la principal responsable de las mastitis agudas es la especie *Staphylococcus aureus*. Sin embargo, también hay estudios que han relacionado a la especie *Staphylococcus epidermidis* como causante de mastitis en humanos. *S. aureus* y *S. epidermidis* cursan mastitis en dos contextos diferentes. Mientras que el *S. aureus* cursa la enfermedad en casos agudos, *S. epidermidis* genera infecciones crónicas o recurrentes. Cabe decir que pese a que durante años ha existido una especie de mito por el cual la candidiasis era una de las principales causantes de mastitis o de dolor en los pezones, esto no es así. *C. albicans* es el agente causal de la candidiasis oral (muguet) en niños y de la candidiasis vaginal en mujeres. Pero, salvo contadísimas excepciones, no es responsable de la temida mastitis, ya que, entre otros motivos, la leche materna no es un ecosistema propicio para que *C. albicans* crezca. Ahora bien, se ha evidenciado que una infección por *S. aureus* de mamá promueve el crecimiento del hongo en la zona bucal del bebé, lo que puede traducirse en candidiasis oral.

Como hemos visto en los apartados anteriores del libro, gracias a los avances científicos podemos asegurar que una buena calidad de las mucosas de mamá será una medida protectora clave para evitar la disbiosis con un sobrecrecimiento no deseado, principalmente de las especies *S. aureus* y *S. epidermidis*, que pueden derivar en mastitis (lo que come y hace mamá es de vital importancia). Asimismo, uno de los factores que predisponen a esta alteración bacteriana es el mal uso de antibióticos durante el último trimestre del embarazo. Este procedimiento es una praxis muy extendida como medida de precaución ante la posible infección neonatal por *Streptococcus* del grupo B (EGB), infección que puede causar septicemia (infección en la sangre), neumonía y meningitis en el recién nacido. Hay dos aspectos muy importantes que considerar al respecto: el primero, tanto la Academia Americana de Pediatría como el «Documento de consenso español para la prevención de la infección perinatal por estreptococo del grupo B según las recomendaciones españolas revisadas 2012» recomiendan que el tratamiento con antibiótico se administre únicamente en mujeres con *Streptococcus* grupo B positivo y que, además, presenten ciertos factores de riesgo adicionales, como parto prematuro (anterior a las 37 semanas), rotura prematura o prolongada de membranas, fiebre intraparto superior a 38 ºC o haber tenido previamente un hijo que desarrolló una sepsis por *Streptococcus* del grupo B. El segundo, nunca debemos pasar por alto los efectos secundarios asociados al consumo de antibióticos. Por ejemplo, el mal uso de estos ha dado pie a que bacterias como *S. aureus* y *S. epidermidis* desarrollen mecanismos de defensa que las están haciendo resistentes a los antibióticos. Un desastre.

Para terminar, no debemos olvidar otro de los epicentros de los problemas que tratamos en este libro: el estrés emocional y la producción anormal de hormonas que de ello se deriva, lo que puede desencadenar una disbiosis, potenciando el crecimiento y la virulencia de determinadas bacterias dañinas, como las citadas *S. aureus* y *S. epidermidis*, debido a su sensibilidad a las hormonas del estrés. Por tanto, el estrés emocional de mamá durante el último trimestre del embarazo, la gestión emocional del parto y, sobre todo, el estrés posparto serán otros de los factores de riesgo que tener muy presentes para evitar el desarrollo de una mastitis.

Y para terminar tranquilizando a aquellas mamás que no desean recibir visitas constantemente tras dar a luz, ¿sabéis cuál es uno de los factores de mayor estrés en el posparto? Atentos: ¡las visitas de los familiares en el hospital! Así que como recomendación coherente y con sentido común, si a mamá le apetece tener visitas una vez que haya dado a luz, perfecto, y si no le apetece, pues respetemos lo que necesita el binomio materno-filial. Dejemos que sean mamá y el recién nacido quienes marquen el *timing* de visitas, y no los familiares y los amigos, pese a que obviamente todo surja del amor y la emoción.

***Entonces, ¿qué hacemos cuando los bebés no pueden mamar?***
Ha quedado muy claro (o eso esperamos) que la leche de mamá es un alimento único, el mejor para el bebé. Sin embargo, hay situaciones en las que por diferentes causas la lactancia materna es imposible. Y no es nuestra intención, ni mucho menos, culpabilizar a las madres que desgraciadamente no han podido o no pueden dar el pecho a sus bebés. Ahora bien, es responsabilidad de todos buscar la mejor opción para el feto, lactante o niño ante cualquier escenario. Por ese motivo, debemos saber que no todas las leches de fórmula son iguales. Nuestro consejo es que en ese caso se

opte por una leche maternizada de cabra y ecológica. Aunque evidentemente no se consiguen todos esos beneficios comentados, si comparamos una leche maternizada de vaca (las de uso habitual) con las de cabra, obtenemos algunos beneficios. Lo que más destaca es el tipo de proteínas que las componen: la leche maternizada de cabra tiene un tipo de caseínas y lactoalbúminas que se asemejan más a la leche materna, por lo que serán mejor asimiladas por el bebé.

Del mismo modo, cobra enorme sentido buscar la repoblación o regeneración bacteriana mediante probióticos, microorganismos vivos que, cuando se administran en cantidades adecuadas, confieren un beneficio de salud al huésped. Esta es una herramienta muy interesante que veremos con detalle y que, entre otras aplicaciones, puede ser clave para ayudar a prevenir o revertir la temida mastitis, una de las causas más importantes de abandono de la lactancia materna.

### 3.4. Introducción de alimentos: un momento clave

Y de la introducción de los primeros alimentos, ¿qué sabemos? ¿Existe un protocolo unánime? ¿Debes seguir las instrucciones de tu actual pediatra o pueden existir pediatras con otros criterios? ¿Hasta cuándo prolongamos la lactancia materna exclusiva? ¿Afecta a la microbiota intestinal de los más pequeños que introduzcamos unos u otros alimentos en primer lugar? ¿Saben distinguir nuestros microbios el plátano de las galletitas en forma de dinosaurio? ¿Cuán importantes son para el futuro adulto sus primeros alimentos sólidos?

Veamos cómo afectará a nuestra microbiota el tiempo y la forma de introducción de los alimentos, analicemos la existencia o no de evidencia científica que sustente las recomendaciones oficiales y concluyamos dando unas pautas de introducción de los alimentos basadas en la fisiología de nuestros intestinos y en las necesidades de nuestra microbiota, y apoyémonos para ello en dos grandes consejeros que demasiadas veces caen en el olvido: el sentido común y la coherencia evolutiva. ¡Vamos allá!

Llegó el momento, el bebé ha crecido y pronto la leche materna no será capaz de cubrir todas sus necesidades nutricionales. Es el momento de complementar la lactancia materna con nuevos alimentos para que el bebé empiece a enfrentarse a lo que será su alimentación futura. Todo un reto para nuestro sistema inmune, todavía muy endeble y al que, para que todo funcione bien, deberán seguir ayudando nuestros soldados microscópicos. Se trata de un momento clave, otra de las oportunidades que nos ofrece la ventana de oportunidad para la correcta programación de la microbiota y la salud del futuro adulto. En función de qué comamos y cómo lo hagamos estaremos afianzando un ecosistema intestinal diverso y sano o con escasa diversidad y proclive a la enfermedad. Así que veamos cuáles son los mejores alimentos que introducir, tanto para «nosotros» como para «ellas».

De igual modo que la microbiota intestinal de un adulto es susceptible a los diferentes agentes que pueden alterarla, también lo es la del lactante. La alimentación es, si no hay situaciones patológicas con tratamientos de por medio, la principal responsable de esta variación. Por ello, con la llegada de la alimentación complementaria se produce una importante alteración en la composición de aquellos que habitan en nuestros intestinos, y se inicia el gran cambio hacia una microbiota propia de la edad adulta, con el mayor cambio en el momento del destete y cese de la lactancia materna. Unos cambios que no son independientes de los alimentos escogidos. Las bacterias, como las personas, también son sibaritas, están genéticamente equipadas para utilizar determinados sustratos energéticos, por lo que en función de los alimentos que introduzcamos y que pasen a formar parte del patrón de alimentación del niño o niña, estaremos favoreciendo el crecimiento de unas bacterias en detrimento de otras.

Desde el inicio de la introducción de los primeros alimentos, la microbiota intestinal será cada vez más similar a la de un adulto, hasta que alrededor de los tres años de edad los intestinos del niño albergarán una microbiota «adulta» que debería permanecer más o menos estable hasta la llegada de la senescencia. Por desgracia, esto pocas veces es así. ¿Por qué? Pues porque vivimos en una sociedad obesogénica y, con ello, disbiótica, o tal vez el orden sea a la inversa. En todo caso, vivimos rodeados de factores disbióticos: una alimentación industrializada, un abuso y mal uso de fármacos, un nivel de estrés altísimo y crónico, etcétera.

¿Introducción de los alimentos antes de los seis meses? Según nos muestran los estudios que han «preguntado a las bacterias intestinales de los lactantes», la mejor opción es mantener la lactancia materna exclusiva hasta los seis meses, pues tanto la alimentación con fórmula complementaria a la lactancia materna como la introducción precoz de alimentos sólidos provocan un cambio no deseado en la microbiota del lactante, la cual se vuelve muy diversa demasiado pronto y empieza a asemejarse antes de tiempo a la del adulto, con lo que se altera el ciclo natural de la colonización.

### Evidencia científica en la introducción de los alimentos

Somos conscientes de que entramos en arenas movedizas. Hay muchas y muy diversas opiniones, consejos y consensos de expertos sobre cómo debemos introducir los alimentos en los lactantes. ¿Cuáles, cuándo, cómo, cuánto? No son pocas las dudas a las que las mamás y los papás que van a introducir los alimentos a su bebé deben enfrentarse y no son menos las opiniones, consejos y consensos de expertos sobre cómo debemos introducir los alimentos. Pero ¿qué dice la ciencia al respecto? ¿A quién debe obedecer esa mamá perdida entre un mar de opciones? Leímos en la página web de Alba Lactancia Materna (www.albalactanciamaterna.org), una asociación sin ánimo de lucro que ofrece información y apoyo a todas las madres que deseen disfrutar de una lactancia materna exitosa, una reflexión genial que compartimos contigo:

Todas las madres suelen recibir detalladas instrucciones de diversos profesionales sanitarios sobre cuáles son «los mejores alimentos para empezar la alimentación complementaria». El problema es que cualquier madre que hable con otra madre, ya sea la vecina en el parque, la cuñada en Lugo o aquella amiga que se fue a Salamanca, puede comprobar por sí misma que estos supuestos «mejores alimentos» simplemente no coinciden y se hacen cada vez más extraños a medida que aumenta la distancia geográfica, no digamos si además la amiga en cuestión se ha ido a vivir a otro país. Empleando el puro sentido común, pronto se hace evidente que con toda probabilidad existen tantos «mejores alimentos, cantidades y sistemas» como profesionales sanitarios hay en el mundo. Y es que a veces nos pasa desapercibido que todas estas recomendaciones no obedecen realmente a evidencias científicas, sino que responden más bien a los hábitos culturales de una población determinada, a las preferencias personales de cada profesional de la salud en concreto y a protocolos de incorporación de alimentos que fueron estipulados en su día y que tienden a perpetuarse por su propia inercia sin que nadie los cuestione.

Las recomendaciones basadas en la evidencia científica son muy generales y es importante que todas las madres conozcan que no hay ninguna base científica para recomendar un alimento antes que otro. La norma básica es que los primeros alimentos sean sanos y con poco potencial alergénico. Parece que es indiferente empezar por la fruta, por la verdura, por los tubérculos o incluso por los cereales. Quizá más importante, en nuestra opinión, es la calidad de los alimentos (de temporada, ecológicos, bien cocinados) y cómo se ofrecen: purés o trozos, con prisas o con calma.

## *Nuestra propuesta para la introducción de los alimentos con coherencia evolutiva*

Recuerda una de las preguntas que hicimos al principio: ¿deben estar los cereales entre los primeros alimentos que introducir en los bebés? Seguramente muchas personas responderán con un rotundo sí, mientras que otros dudarán y unos pocos habrán exclamado un no. Si te encuentras en el segundo o tercer grupo, ¡enhorabuena! Tendrás/tendremos razón o no, pero haber sido capaces de resistir a la presión de la todopoderosa industria cerealista y sus altavoces repartidos entre profesionales de la salud, instituciones y medios de comunicación es todo un logro. En cualquier caso, basándonos en la evidencia científica, no tiene por qué, y, según la evolución, no tiene sentido. Por eso ofrecemos una propuesta de introducción de alimentos basada en las necesidades y las capacidades metabólicas del lactante y de su microbiota intestinal.

Es importante que la introducción de los alimentos se haga con cautela y paso a paso (alimento a alimento), ya que el sistema digestivo del bebé es inmaduro y hay que facilitar la digestión, debido a que puede absorber partículas de gran tamaño y generar una respuesta inmune que desemboque en una alergia. En estos primeros meses de vida es cuando el sistema inmune del neonato irá produciendo la inmunotolerancia, es decir, realizará un proceso de escaneo y aprendizaje de lo que es bueno y lo que no y, muy importante, en dicho proceso la microbiota intestinal desempeña un papel trascendental. Este es uno de los motivos por los que hemos insistido tanto en la necesidad de haber aprovechado las anteriores oportunidades para la correcta programación de la microbiota intestinal del feto, bebé y lactante.

Con todo ello, la introducción de nuevos alimentos se debería hacer de uno en uno, esperando tres días hasta la introducción del siguiente, observando si con la introducción de cada nuevo alimento aparecen manifestaciones clínicas anormales como pueden ser gases, irritaciones en la piel, nerviosismo, insomnio, estreñimiento o diarrea, muchas de ellas como consecuencia de la alteración de la ecología microbiana intestinal. La frecuencia de comidas dependerá de la demanda del bebé, es decir, de su apetito. Se establece que entre los seis y los ocho meses se requieren de dos a tres comidas con alimentos sólidos al día. Y para bebés entre nueve y veintitrés meses, de tres a cuatro comidas sólidas al día, pero insistimos en que el bebé es quien manda y demanda.

A la hora de dar respuesta a cuáles deben ser las características de los alimentos que introduciremos primero, analizar la composición de lo que hasta ahora era el único alimento para el bebé puede darnos respuestas de gran valor. Sabemos que la leche materna contiene un 55 % de grasa, con lo que no cabe duda de que la grasa es un macronutriente imprescindible para el lactante. En cuanto al erróneamente temido colesterol, la leche humana contiene seis veces más colesterol del que consume de media un adulto. La grasa y el colesterol son claves para el desarrollo neuronal del bebé. Además, una dieta alta en grasas (y ya quedó claro que hablamos de grasas de calidad) proporcionará vitaminas liposolubles como la A y la D, claves para el buen funcionamiento y la programación del sistema inmunológico del lactante. Por todo ello, y aunque esto pueda parecerte un tanto surrealista después de todas las dudas que ha suscitado, la yema de huevo es un alimento que reúne las características idóneas para ser uno de los primeros alimentos que introducir. Veamos nuestra propuesta.

HASTA EL PRIMER AÑO DE VIDA

*4-6 meses.* Una parte de la literatura científica mantiene que es interesante introducir alimentos a partir del cuarto mes de vida para así disminuir el riesgo de sufrir ciertas intolerancias. Pero nosotros no estamos de acuerdo en este punto. La lactancia materna, si todo va bien, debe ser exclusiva y a demanda hasta los seis meses. Una introducción más temprana modifica la microbiota intestinal, produciendo una disminución de bifidobacterias, que son las principales beneficiadas del alto contenido de los comentados HMO (oligosacáridos de la leche materna) y que tienen la importante misión de inhibir el crecimiento de organismos patógenos, modular la función barrera de la mucosa y promover la maduración inmunológica y de las respuestas inflamatorias.

*6-7 meses.* La barrera de los seis meses es el punto en el que la mayoría de los bebés inician (salvo excepciones) la incorporación de alimentos sólidos como complemento a la leche de mamá. Pero ¿deben empezar todos los bebés a incluir alimentación complementaria a los seis meses de vida? ¡No!

Deben respetarse las individualidades de cada bebé y también de cada mamá. Habrá bebés que a los seis meses estarán preparados para iniciar la complementación de la leche materna, mientras que otros lo estarán a los cinco, los siete o incluso los ocho meses. Del mismo modo, habrá mamás que podrán mantener la lactancia a demanda, mientras que otras, por obligaciones laborales o de otra índole, no podrán seguir con ella, sin que ello suponga nunca forzar al bebé a aceptar antes de su tiempo los alimentos complementarios.

Y la gran cuestión: ¿por dónde empezar? Con todo el sentido común, fisiológico, evolutivo e incluso microbiano, nuestra recomendación es empezar introduciendo alimentos vegetales con poca cantidad de fibra no fermentable, es decir, alimentos que puedan digerirse fácilmente o que contengan fibra fermentable. ¿Por qué? Entre otros motivos, los genes y los metabolitos de la microbiota que contienen la leche materna y el intestino del bebé nos muestran que está especialmente bien equipada para ayudar a digerir oligosacáridos, sobre todo cuando la mamá lleva a cabo una alimentación rica en vegetales. Se cree que se trata de un mecanismo desarrollado a lo largo de la evolución que provee a los lactantes de las herramientas (genes que codifican para determinadas enzimas) que facilitarán la digestión de alimentos de origen vegetal y fácil digestión. De este modo, los tubérculos y raíces como la patata (sin piel), el boniato o la batata, la zanahoria, el nabo, la calabaza, la chirivía, el ñame y la yuca pueden ser interesantes ejemplos de alimentos ricos en fibra fermentable. Por esta misma razón, frutas como el plátano, el mango o el aguacate son buenos alimentos para introducir desde el inicio. El plátano es muy interesante, ya que es rico en amilasa, una enzima encargada de la digestión de los almidones (carbohidratos). La manzana, la pera, el albaricoque y el melocotón también pueden introducirse, pero mejor pelados y cocidos con el objetivo de eliminar parte de la fibra no fermentable y de los compuestos alergénicos, principalmente presentes en la piel, y dejar más disponible la fibra fermentable tras la cocción. Evita el resto de las frutas al inicio, sobre todo los frutos rojos, ya que pueden desencadenar reacciones pseudoalérgicas.

Como hemos avanzado, y en concordancia con los altos niveles de grasa y colesterol que contiene la leche materna, consideramos que la introducción de yema de huevo en los primeros compases de la alimentación complementaria es lo más lógico. Y sí, lo sabemos, quizá te acabas de quedar patidifuso, ¿¡yema de huevo al inicio!?, ¡si el huevo es alergénico! Pero sí, además de que a los autores siempre nos pareció lo más coherente con las necesidades del lactante hacerlo así, y así es como lo hemos recomendado, con gran éxito y salud, dicho sea de paso; tenemos buenas noticias para todos, ya no solo nos respalda conocer la composición casi exacta de la leche materna tanto en nutrientes como en microorganismos e intentar imitarla y alimentarlos, ya no contamos únicamente con el sentido común para hacer esta recomendación; ahora, hoy, en un campo como este, en el que existen múltiples y dispares recomendaciones debido a la falta de evidencias científicas claras, contamos con una revisión sistemática y metaanálisis, un tipo de estudio de los que sientan las bases para el buen hacer de la población y los profesionales de la salud, un estudio que es el mayor análisis de las pruebas sobre el efecto de alimentar a los bebés con alimentos alergénicos, y en el que los científicos del Imperial College de Londres analizaron los datos de 146 estudios que englobaron a más de 200.000 niños. Publicado en septiembre de 2016 en la *Journal of the American Medical Association* (*JAMA*), una revista con un factor de impacto y credibilidad bestial; en este estudio sobre el «Momento de la introducción de alimentos alergénicos en la dieta infantil y riesgo de alergia o enfermedad autoinmune: una revisión sistemática y metaanálisis» (título en español del trabajo), los autores concluyeron que la introducción temprana del huevo (4-6 meses) se asoció con un menor riesgo de desarrollar alergia al huevo.

Y ¿qué conclusiones sacamos nosotros de esto? La primera, que como dicen los autores, este, como todos los estudios, tiene sus limitaciones, y que con el tiempo iremos conociendo más y definiendo mejor cómo sería la introducción de alimentos más óptima. La segunda, esto supone una prueba más para afianzar nuestro convencimiento de que ante la falta de consenso científico o cuándo este existe, pero está a todas luces guiado por intereses económicos; la coherencia con la evolución y el sentido común es una herramienta de gran valor para guiar nuestras elecciones y recomendaciones dietéticas. Además, estamos seguros de que los próximos estudios como este, de los que nos guían hacia dónde ir en temas de alimentación, estarán a favor de la introducción, temprana o tardía, de alimentos de verdad y en contra de los ultraprocesados. Y la tercera, el huevo es, según todo lo estudiado, un superalimento en cualquier etapa de la vida, aunque no venga en paquetitos con llamativos eslóganes, y pese a que no tenga anuncios de publicidad con famosos como imagen que te cuenten sus múltiples propiedades saludables, que las tiene, y muchas.

Así pues, y con todo ello, ¿qué te recomendamos nosotros? Lo primero, que la leche materna continúa siendo el único lácteo insustituible, y que si afortunadamente hay lactancia materna, que esta sea exclusiva hasta los seis meses (por todo lo comentado anteriormente); lo segundo, que pierdas el miedo a la introducción temprana de la yema del huevo, y que aunque la mayoría de los trabajos científicos incluidos finalmente en este estudio de estudios se llevan a cabo con huevo entero (yema y clara), los autores advierten que no se evaluó cuántos de los bebés sufrieron reacciones alérgicas con la introducción temprana del huevo. Y, puesto que sabemos que la clara contiene una serie de proteínas con un potencial alergénico importante, seamos cautos. Yema al inicio y clara cumplido el año. Esto no quiere decir en absoluto que la clara de huevo sea perjudicial para el consumo humano; a partir del año, con el intestino del bebé mucho más maduro, daremos paso a su introducción.

Como conclusión, si tras la prueba inicial no se observan reacciones a su consumo, aportar una yema de huevo al día es una elección coherente, apostando por huevos ecológicos (los que tienen un número 0 en el código impreso), y aún mejor si son de alguien de confianza. La forma idónea de aportar la yema de huevo para facilitar su digestión, es cruda. Se pueden hacer huevos pasados por agua (4-5 minutos): los papás se comen la clara y lo más nutritivo y seguro se lo reservamos para los pequeños de la casa. Hay que resaltar que la yema del huevo, aparte de colesterol, contiene grasas poliinsaturadas de calidad y es una fuente importante de colina, un nutriente imprescindible para la neurogénesis (formación del tejido nervioso) y la formación de las membranas celulares. En resumen, hablar del huevo, a cualquier edad, es hablar de un auténtico superalimento. No lo dudes, ¡échale huevos!

Los primeros compases son también un buen momento para introducir algo de pescado blanco, como rape, merluza, lenguado, lubina, dorada o rodaballo. Apostando, siempre que podamos, por pescados salvajes y siguiendo para su introducción la misma pauta comentada. Por ejemplo: probar lenguado durante tres días sin añadir ningún otro tipo de pescado. Para los más atrevidos y concienciados con la alimentación con coherencia evolutiva, es también una buena opción incluir el hígado de estos animales de mar, como, por ejemplo, el de rape. Incluso es posible que algún lector o lectora pueda recordar cómo sus abuelos le daban aceite de hígado de bacalao para fortalecerle y para que tuviera más vitalidad. El hígado, considerado por muchos un alimento de gran valor nutritivo, es muy rico en vitaminas A y D, así como en la mayoría de los nutrientes esenciales que necesita nuestro organismo.

Apliquemos ahora un poco de sentido común. Como comentamos anteriormente, no hay consenso en si es mejor introducir primero la zanahoria, el arroz, un trozo de patata o incluso la yema de huevo. Lo importante es hacerlo despacio, observando las posibles respuestas del bebé y dejando unos tres días entre la introducción de un alimento y otro. Valora también la climatología y el tipo de alimentos que se dan en esa época. Por ejemplo, si es invierno y hace frío, la fruta no será la mejor opción (a no ser que esté cocinada) y sería más lógico empezar por alimentos como la calabaza o la patata. También valora el interés que muestra el bebé por la comida, si se lanza a la comida con ganas y, sobre todo, si sospechas que necesita algo más nutritivo, la yema de huevo y el hígado de rape, como hemos comentado, pueden ser grandes ideas.

*8-9 meses.* Este es un periodo en el cual la introducción de la carne puede ser muy interesante, siempre y cuando la carne sea de buena calidad, de animales que se hayan movido y que se alimenten de lo que manda su fisiología. Es mejor empezar con carne magra, como la del pollo. Si es bien tolerada, podemos continuar, poco a poco, con carnes rojas como la de ternera o de caballo; esta última es una excelente elección, puesto que encontrar carne de caballo de calidad resulta más fácil que en el caso de otras carnes. Además, podemos ofrecer caldos con huesos, ya que supondrá un gran aporte de minerales.

Se puede empezar a introducir pequeñas cantidades de aceite de oliva virgen y prensado en frío (debe estar indicado en la etiqueta), así como de aceite de coco virgen, añadiéndolos siempre en crudo al final de la cocción.

En esta época pueden introducirse verduras con mayor aporte de fibra no fermentable respecto a las anteriores, como son la cebolla, el ajo y el puerro. Para mejorar su digestión, de momento, las aportaremos bien cocidas. De acuerdo con las recomendaciones de la Agencia Española de Consumo, Seguridad Alimentaria y Nutrición (AE-COSAN), dejaremos para más adelante la introducción de espinacas y acelgas, pues se trata de las hortalizas con mayores niveles de nitratos. Por ello recomiendan no incluir estas hortalizas en los bebés hasta el año de vida y no dar más de una ración a la semana en niños de entre uno y tres años.

*10-11 meses.* Es un buen momento para introducir verduras fermentadas, como el chucrut, ya que será una gran alegría para nuestros huéspedes intestinales y, por tanto, una buena noticia para nuestra salud. Aprovecha también para acabar de introducir todo tipo de pescados y mariscos.

*12 meses.* A un mes para alcanzar el primer año de vida es un buen momento para acabar de introducir todas las verduras ricas en fibra no fermentable, como brócoli, col, col rizada, coles de Bruselas, pimiento, berenjena, coliflor, lechuga, rúcula o berro. La recomendación sigue siendo cocer las verduras para facilitar con ello la digestión de sus fibras. Se pueden introducir también, poco a poco, el resto de frutas que no se hayan introducido aún, como la mandarina, la sandía, el melón o el caqui, aunque todo dependerá de la fruta que haya en cada época. No introduciremos los frutos rojos hasta los dieciocho meses, ya que pueden producir reacciones pseudoalérgicas. De igual modo, es hora de darle a probar algunos frutos secos, de los cuales los más recomendables son las almendras, los piñones y las avellanas, y también podemos incorporar semillas oleaginosas: de sésamo, de girasol y de calabaza. Pero ¡cuidado!, siempre triturados o machacados para evitar que se atraganten. Además, para que se digieran mejor, es una gran idea dejarlos en remojo entre doce y dieciocho horas antes de su consumo, a poder ser con unas gotas de limón o vinagre. Tostarlos también es una buena opción. Evidentemente, los fritos son desaconsejables tanto para niños como para adultos.

El sistema digestivo del bebé está en los últimos compases de un periodo crucial de su formación. Sus huéspedes, la microbiota intestinal, empiezan a ser similares a los de un adulto. Aumenta la síntesis de enzimas digestivas y de ácido clorhídrico en el estómago, que permitirán la digestión de un mayor volumen de alimentos y la absorción de cantidades mayores de los nutrientes necesarios para asegurar un correcto desarrollo. Además, las uniones estrechas entre las células intestinales se hacen más fuertes, asegurando la integridad del epitelio intestinal, nuestra gran muralla de defensa. Las funciones del tracto gastrointestinal, sus huéspedes y sus estructuras seguirán madurando a lo largo de los siguientes veinticuatro meses, por lo que continuar haciendo las cosas bien, especialmente comiendo comida de verdad y evitando alimentos procesados y superfluos, será de gran importancia para asegurar la correcta programación de la salud del niño.

BEBÉS Y GLUTEN. ¿CUÁNDO INTRODUCIR EL GLUTEN?

Hemos escuchado muchas veces, quizá demasiadas, que es mejor introducir el gluten pronto, incluso a los cuatro meses de vida, para prevenir la enfermedad celíaca. Gracias a los recientes estudios publicados y que a continuación citaremos, parece haber poco espacio para la discusión. Lo que nos decía la intuición era cierto: no tiene sentido hacer esto. No es cierto que introducir el gluten a los cuatro o los seis meses tenga un efecto protector contra la enfermedad celíaca. Habrá a quien le moleste y a quien esto le haga perder mucho dinero, pero la evolución y la coherencia estaban en lo cierto: ¿cómo puede ser bueno introducir un alimento con gluten a tan temprana edad si este aumenta la permeabilidad intestinal, sabiendo que durante el primer año de vida la estructura de su intestino es inmadura? La respuesta más contundente llegó en 2014 en una publicación del *New England Journal of Medicine*, un estudio de intervención, aleatorizado y a doble ciego con 944 bebés de 16 a 24 semanas de vida, positivos para los antígenos HLA-DQ8 y HLA-DQ2, y en el que 475 participantes recibieron cada día 100 mg de gluten inmunológicamente activo, mientras que 469 recibieron placebo (no recibieron gluten). Los resultados fueron que la introducción temprana (a las dieciséis semanas) de pequeñas cantidades de gluten no redujo el riesgo de padecer enfermedad celíaca a los tres años en los niños genéticamente predispuestos, por tanto, estos resultados no apoyan el efecto protector de la introducción temprana del gluten.

Por si fuera poco, al año siguiente se publicó una revisión sistemática y metaanálisis donde analizaron los resultados de veintiún estudios, entre ellos dos ensayos de intervención grandes, controlados y aleatorizados, realizados en niños con alto riesgo de desarrollar enfermedad celíaca, y estudiaron los efectos de la introducción del gluten, la lactancia materna y la prevención o no de la enfermedad celíaca. La conclusión literal de este estudio de estudios es: «Las prácticas de alimentación infantil (lactancia y momento de la introducción del gluten) no tienen efecto sobre el riesgo de desarrollar la enfermedad celíaca en la infancia, lo que exige una actualización de las recomendaciones europeas actuales». Además, los estudios observacionales revisados indican que el consumo de una mayor cantidad de gluten en el destete puede aumentar el riesgo de desarrollar la enfermedad celíaca.

Por último, y para despedir este lucrativo asunto de la introducción del gluten, y por si todavía albergas alguna duda al respecto, ¿recuerdas el estudio de estudios sobre la introducción de alimentos?, ¿la revisión sistemática y metaanálisis llevado a cabo por los científicos del Imperial College de Londres y publicado en septiembre de 2016 en *JAMA*? Pues bien, estos son sus resultados traducidos al español acerca de la introducción temprana del gluten y sus supuestas bondades: «Existe evidencia con alta certeza científica de que el tiempo de introducción del gluten no guarda asociación con la enfermedad celíaca». En otras palabras, que no, que la introducción temprana del gluten no protege contra el desarrollo de la enfermedad celíaca.

A la vista de estos resultados, de nuevo toca decidir: o bien seguir como estamos y guiarnos por recomendaciones obsoletas e interesadas, o bien acogernos al sentido común, la evolución y ya ves que hasta a la evidencia científica más rigurosa y actualizada disponible, y no recomendar la ingesta de gluten en el primer año de vida, como mínimo.

CUMPLIDO EL PRIMER AÑO

Quizá te estés preguntando: ¿y qué hay de los lácteos? En primer lugar, hay que recalcar que los lácteos no son necesarios. En segundo lugar, si por decisión propia (no por presión de la industria) decides consumirlos u ofrecérselos a tu hijo, estos pueden empezar a utilizarse a partir del primer año de vida siempre y cuando no generen sintomatología (gases, estreñimiento, nerviosismo, reacciones cutáneas, diarrea, etcétera). No deberías incluirlos antes del año de vida porque, entre otros motivos, se ha visto que esto podría multiplicar por cuatro el riesgo de sufrir diabetes tipo 1. Además, es importante no confundir consumir lácteos con consumir los productos que abarrotan los estantes de productos refrigerados de los supermercados. Hay que optar por lácteos de calidad, ni desnatados, ni enriquecidos, ni de sabores, ni azucarados, ni edulcorados, ni sin…, ni con… Simplemente lácteos enteros, con toda su grasa y sus nutrientes; mejor de oveja o cabra, fermentados (mejor yogur que leche) y, por supuesto, mejor ecológicos. Y si a ti o a tu niño estos últimos os sientan mal, haceos un favor y ¡no los consumáis! En el caso de optar por bebidas de origen vegetal, las de coco y de avena (sin gluten) son una buena opción. Y si te preocupa el tema del calcio, con un consumo regular de semillas de sésamo trituradas (con un molinillo de café) y verduras como el brócoli (con su tronco incluido y mejor cocinado al vapor), no debería generarte preocupación alguna. Y si no, siempre está la opción de comprar las mencionadas bebidas vegetales enriquecidas con calcio.

También a partir del primer año se pueden probar otros alimentos de más difícil digestión, como las legumbres. Para eliminar los antinutrientes que contienen (o la mayor parte de ellos), como las lectinas, el ácido fítico, los inhibidores de proteasas y las saponinas, recomendamos dejarlas en remojo un mínimo de veinticuatro horas y hervirlas más de dos horas e ir retirando la espuma que van generando (rica en saponinas). De este modo, convertimos un alimento de difícil digestión en algo mucho más asimilable y que puede servir como fuente proteica.

Seguramente más de uno estará subiéndose por las paredes: «¿Dónde están los cereales?». Por los motivos expuestos en el apartado de alimentación, no hemos incluido este grupo entre los primeros alimentos que ofrecer a un organismo en formación. Sin embargo, en muchos de los protocolos de introducción de alimentos el arroz y otros cereales se presentan como los primeros alimentos que introducir, siguiendo con el despropósito de la famosa pirámide alimentaria de anteponer cereales a frutas y verduras. Algunos cereales como el arroz y pseudocereales como el trigo sarraceno o la quinoa pueden incorporarse, ya que no contienen gluten. La recomendación para los cereales con gluten (trigo, centeno y cebada) es introducirlos esporádicamente y no para consumo habitual. Es preferible la introducción de pan bien fermentado, evitando el habitual pan refinado y las galletas y las pastas de mil y un colores y formas. Un pan elaborado con variedades antiguas de trigo, como el kamut o la espelta, que contienen menos gluten y son más digestivos, será una buena opción. Y, por favor, no des ni a tus hijos ni a tus nietos el arsenal de galletas idealmente concebidas para que los niños crezcan sanos y fuertes (esto es en tono irónico). De verdad, estad tranquilos, aun sin esas galletas, los niños crecerán y se harán grandes y fuertes, y lo guapos y listos que lleguen a ser no dependerá de los alimentos procesados que puedas ofrecerles.

Como conclusión final, y tal como remarcamos al inicio, no existe evidencia científica que muestre los pasos exactos que deben seguirse en la introducción de alimentos. Nosotros hemos ofrecido una opción, la nuestra, para mamás, papás y profesionales de la salud que consideren coherente llevar a cabo una pauta de introducción de alimentos basada en una visión integrativa de la literatura científica, de nuestra evolución y nuestras capacidades metabólicas y, cómo no, de las que nos ofrecen y demandan los microorganismos que albergamos en nuestros intestinos. Finalmente, flexibilidad, tranquilidad y observación serán claves para una correcta introducción de los alimentos sin sorpresas desagradables.

## *Baby led weaning (BLW o introducción autogestionada por el bebé)*

La introducción de los alimentos autogestionada por el bebé cuenta cada vez con más aceptación entre profesionales de la salud, madres y padres. De forma resumida, la alimentación complementaria a demanda (*baby led weaning*) es una manera de introducir comidas sólidas desde el principio, permitiendo que el bebé se alimente por sí mismo, sin usar papillas y sin necesitar siquiera ayuda directa del adulto. Esta forma permite al bebé descubrir los sabores, las texturas y los colores de cada uno de los alimentos y fomentar la independencia y la confianza en sí mismo, así como desarrollar mejor la coordinación a la hora de comer. Eso sí, para utilizar este método se necesita una buena dosis de tiempo y paciencia por parte de los padres, y también que la madre le esté proporcionando lactancia materna a demanda para evitar carencias nutricionales.

En nuestra opinión, se trata de una práctica con mucho sentido común y con enorme coherencia evolutiva. Las reticencias que podemos mostrar son exactamente las mismas que tenemos sobre la alimentación de cualquier niño y a cualquier edad. Los niños deben comer lo mismo que los padres, sí, pero contando con que los padres lleven a cabo una correcta alimentación, que, de forma muy resumida y tal como hemos podido ver anteriormente, estará compuesta por alimentos no procesados, de proximidad y ecológicos a poder ser. Frutas, verduras y tubérculos serán «el pan nuestro de cada día», así como los huevos ecológicos a diario y la opción de los pescados salvajes y las carnes de calidad, y si se toman lácteos, apostar por los de cabra u oveja. Con esto y un poco de atención a las posibles reacciones, evitando aliños y condimentos, que los bebés nos imiten no debe suponer ningún problema.

# 4.
# ¿Qué tenemos hoy?

## 4.1. Medicación, un arma de doble filo

Vaya por delante que los fármacos han salvado innumerables vidas y que mantienen con vida a un tanto por ciento nada despreciable de la población, mayormente residente en sociedades industrializadas con acceso, entre otros, a los fármacos y tratamientos más novedosos. Expuesto lo anterior, tal como vimos, ni estar enfermo es normal ni tomar uno o varios medicamentos debería aceptarse como tal. ¿Te suenan el omeprazol, el paracetamol, el ibuprofeno, los antiinflamatorios, los antibióticos, los antieméticos (para parar los vómitos), los laxantes, los relajantes musculares o los antidepresivos? Todos ellos son consumidos en grandes cantidades, y todos tienen efectos secundarios inherentes que conocemos y reflejan sus prospectos. Pero lo que conocemos desde hace muy poco tiempo y lo que no reflejan sus prospectos son los graves efectos secundarios que la toma de estos fármacos tiene sobre nuestra microbiota intestinal, ese preciado ecosistema que albergamos en nuestros intestinos;

ahora sabemos que los fármacos actúan a modo de un fuego voraz que arrasa los bosques que tanto cuesta que crezcan y de cuyo bienestar depende la salud del planeta. Pues de nuestro bosque interior y de los microorganismos que en él habitan no depende la salud del planeta, pero sí la nuestra.

El medicamento más vendido en España en el año 2013 fue el omeprazol. Un fármaco que se dispensa como ¡protector gástrico! Y claro, un fármaco ideado para proteger el tracto gastrointestinal seguro que es inofensivo. ¿De verdad? ¿Realmente lo es? Si te decimos que sus efectos secundarios encajan más con un destructor que con un protector, ¿nos creerías? Fijémonos en algunas particularidades de este medicamento, de este lobo con piel de cordero. El omeprazol y similares se recetan comúnmente para tratar alteraciones digestivas como el reflujo, la hinchazón, la acidez, la gastritis, la hernia de hiato o simplemente porque hay algunos alimentos que no te sientan bien, como el café, los fritos, el alcohol, la leche, etcétera. Otro de los motivos habituales para su prescripción es hacer frente a la tan habitual polimedicación que te destroza el tracto gastrointestinal.

El omeprazol es un inhibidor de la bomba de protones y, por tanto, neutraliza la acidez. A decir verdad, varía el pH del estómago. Para entender cuán problemático puede ser esto, repasemos mínimamente nuestra preciada fisiología digestiva. Cuando comemos, unas células del estómago llamadas células G producen una hormona llamada gastrina. Esta hace que otras células produzcan histamina, y esta es la que activa la producción de ácido clorhídrico, que a su vez frena la producción de gastrina, cerrando así el círculo. El ácido clorhídrico es sumamente importante, puesto que mantiene un pH ácido (cercano a 2) que es la base para una buena digestión. Pero no solo eso, también es el encargado, por ejemplo, de eliminar la enorme cantidad de microorganismos potencialmente patógenos que ingerimos en cada comida. Gracias a este ácido conseguimos deshacer y digerir gran parte del alimento ingerido, pues se encarga de activar la producción de enzimas digestivas para descomponer los alimentos en nutrientes que luego podamos absorber. Además, tiene la capacidad de estimular la reparación constante de la capa mucótica del estómago, una barrera sin la cual el dolor y las úlceras terminarían con nosotros. En definitiva, producir ácido clorhídrico es vital para tener una buena salud digestiva y mantener un pH ácido cercano a 2 con el que lograr digerir y absorber correctamente, y, no menos importante, mantener a raya a microorganismos potencialmente patógenos. Y, por tanto, tomar cualquier fármaco que impida la producción del ácido clorhídrico supone un problema para nuestra salud intestinal, ¿no crees? Pues el omeprazol lo hace.

«Vale, me habéis convencido. Pero ¡el estómago me quema! ¿Qué hago?» Como ya sabemos, ante un problema de salud tenemos, a grandes rasgos, dos alternativas. La primera, tapar los síntomas con fármacos que dan lugar a más síntomas, que vuelves a tapar con fármacos que dan lugar a más síntomas, que vuelves a tapar..., hasta que terminas polimedicado. La segunda, buscas, estudias, comprendes y resuelves el problema de base, que seguramente no se encuentra en el mismo lugar u órgano donde se manifiesta el síntoma, y que es probable que debas tratar con gestión emocional, mejor alimentación, más y mejor descanso y más ejercicio físico.

«La primera opción no me ha funcionado hasta la fecha, no hago más que tener síntomas y tomar fármacos. ¡Quiero probar la segunda! ¿Podríais explicarme qué me produce entonces mis síntomas digestivos?» Veamos, en primer lugar, una de las causas habituales de los problemas digestivos es la falta de producción de ácido clorhídrico, o también llamada hipoclorhidria. Pese a que hay más, nos centraremos en dos posibles desencadenantes de esta disfunción que suponen un buen ejemplo.

El primero, el estrés. Un desencadenante que puede resultar abstracto, poco importante e incluso poco creíble, pero que según nuestra experiencia personal y clínica es el que tiene un mayor impacto sobre la producción de ácido clorhídrico: el estrés emocional sostenido. Miles de años atrás el estrés puntual nos permitió sobrevivir y rendir. El problema es que ya no hay momentos de estrés, hay días, semanas, meses e incluso vidas con mucho estrés.

¿Qué? ¿No te crees que el estrés pueda ser tan importante y afecte tanto a la digestión? Pues bien, en términos de neurofisiología, la situación experimentada y lo que conlleva (una digestión pésima) se explica de la siguiente manera: ante una situación de estrés, con la activación del sistema nervioso simpático, y a través de varias comunicaciones neuroendocrinas, logramos liberar la hormona noradrenalina, que cuando alcanza el estómago inhibe la producción de ácido clorhídrico. La cosa está en que en nuestra rutina diaria ya no tenemos el problema de tener que estar pendientes de los leones que podían comernos cuando habitábamos la sabana africana como hace miles de años. Y, sin embargo, nuestro cuerpo se encuentra en ese mismo estado de alerta constantemente. Hemos pasado de no poder digerir alguna comida a no poder digerir la comida, y el motivo es que hemos pasado de sufrir momentos puntuales de estrés a vivir crónicamente estresados, incluyendo también el tiempo dedicado a ingerir y, aún más importante, incluyendo las horas que necesitamos para digerir.

El segundo es la toma continuada de medicamentos, con los inhibidores de la bomba de protones a la cabeza. Estos fármacos, con el omeprazol como protagonista, reducen la acidez (el pH) del estómago, y eso termina repercutiendo en la composición y la función de todo el tracto digestivo y de quienes en él habitan, la microbiota intestinal. Los estudios demuestran que cuanto más diversa es nuestra microbiota, más saludable es. El omeprazol y otros fármacos, como el ibuprofeno o los ansiolíticos, reducen la diversidad. Pero no solo eso, los estudios muestran que el tracto gastrointestinal de las personas que toman habitualmente omeprazol alberga microorganismos propios de la boca, algunos de ellos potencialmente patógenos y que en condiciones normales, con un pH cercano a 2, morirían en el estómago.

En conclusión, un pH fisiológico (cercano a 2) es necesario para mantener una microbiota intestinal sana, para poder digerir y aprovechar correctamente los alimentos ingeridos y para reparar la mucosa gástrica. Y, según lo visto, los fármacos más consumidos por la población provocan justamente el efecto secundario contrario. La solución sin medicación es posible casi siempre; trata la causa, no pongas parches.

## Antibióticos e higiene, la doble cara de la moneda

Existe una hipótesis, llamada «la hipótesis de la higiene», según la cual el abuso de higiene nos ha perjudicado enormemente en las últimas décadas por la alteración del medio externo, pero también interno. En este último caso debido, especialmente, al abuso y mal uso de los antibióticos. El máximo exponente y defensor de esta hipótesis es el doctor Martin Blaser, profesor e investigador en la Escuela de Medicina de la Universidad de Nueva York. En palabras del doctor Blaser, «la gente toma antibióticos creyendo que no conlleva riesgo alguno, cuando en realidad el coste biológico del uso de antibióticos es muy elevado». ¿Y sabes cuál es el «órgano» más perjudicado por su ingesta? Efectivamente, el órgano olvidado: la microbiota intestinal.

Hemos visto el impacto perjudicial que el uso de antibióticos durante el parto tiene sobre la microbiota intestinal del niño. Pero ¿y qué hay de su uso durante el embarazo? ¿Y qué hay después del parto? ¿También pueden ser perjudiciales si los toman los niños? ¿Y qué pasa si los toman las madres lactantes? En definitiva ¿los antibióticos son buenos o malos? «¡Buenos!», responderán algunos. «¡Malos!», gritarán otros. Quizá la respuesta correcta sea depende. Sí, depende.

Los antibióticos nos han permitido sobrevivir a múltiples enfermedades, heridas, infecciones, etcétera, que sin su presencia habrían resultado mortales. No cabe ninguna duda de que los antibióticos salvaron, salvan y salvarán miles de millones de vidas. Ahora bien, como la mayoría de las cosas, si se toman en su justa medida pueden resultar útiles o, al menos, poco perjudiciales. Pero, reconozcámoslo, en nuestra sociedad del bienestar, de la opulencia, del más vale prevenir que curar nos hemos pasado de frenada. Bastaría con utilizar un poco de sentido común para darnos cuenta de que a la hora de utilizar algo que etimológicamente significa «en contra de la vida», deberíamos andar con mucha precaución. Pero ¿qué opinión de ellos tienen nuestras bacterias intestinales? ¿Cómo les afecta cuando nosotros tomamos antibióticos? Te podrás imaginar que algo diseñado para matarlas no les hace ninguna gracia. Y claro, el problema es que no les gusta a ningunas, ni a las «malas» ni a las «buenas». Porque sí, eliminar a las malas es su gran virtud, pero su defecto no es menos importante: reducir la diversidad de nuestro ecosistema intestinal, disminuyendo la presencia de las buenas, de las que necesitamos, de las que nos ayudan y velan por nuestra salud, es un peaje que obliga a la máxima prudencia en su utilización.

La cara amable de los antibióticos, la que genera grandes beneficios económicos, está muy bien protegida y aireada por las industrias farmacéuticas. Así que nosotros queremos echar una mano a los que dedican su trabajo a mostrar la otra cara de la moneda, esa que nos informa de los perjuicios que los antibióticos pueden tener para nuestra salud. Los científicos sospechan que el uso de antibióticos puede tener efectos no deseados sobre la salud de dimensiones más importantes que las conocidas.

El gran problema de la mayoría de los antibióticos es que no actúan sobre superficies o microorganismos concretos. Es decir, en la mayoría de los casos si te tomas un antibiótico para tratar una infección oral, toda la microbiota que habita en tu cuerpo, externa e interna, se verá afectada. Tú querías tratar la boca, pero la microbiota presente en los intestinos, los pulmones o la mucosa vaginal también se verá afectada. Pero no solo eso, según el doctor Blaser, el uso excesivo de antibióticos perinatales, el alarmante número de cesáreas, la proliferación de jabones antibacterianos o la higiene desmedida a la que sometemos a nuestros cuerpos son acciones que están impidiendo que los bebés y los niños adquieran una microbiota correcta, alterando con ello una correcta programación de la salud.

Después de todo este recorrido por la otra cara de la moneda del uso de los antibióticos, ocupémonos con algo más de detalle de la influencia que los antibióticos pueden tener sobre la colonización en los primeros compases de la vida.

### Antibióticos y gestación, ¿héroes o villanos?
Hemos dejado claro que el intestino del recién nacido no es estéril al nacer y, con ello, la toma de antibióticos durante el embarazo, en buena lógica, alterará la composición bacteriana que albergará el recién nacido. Los estudios llevados a

cabo en ratones muestran cómo la exposición de la madre a antibióticos durante la gestación disminuye el número de microbios intestinales, altera su estructura y cambia el patrón de colonización en los recién nacidos. Pero, además, Deshmukh y sus colaboradores vieron que la alteración provocada por los antibióticos altera la homeostasis del sistema inmune y predispone a la infección por *Escherichia coli* K1 y *Klebsiella pneumoniae*. Y cuando eso ocurre, tenemos un problema importante.

En estudios realizados con mujeres embarazadas que necesitaron tomar antibióticos durante la gestación, se ha corroborado que los mismos efectos observados en ratones en relación con la disminución del número de microbios intestinales son extrapolables a las mujeres embarazadas y a sus bebés. Por otro lado, Mueller y sus colaboradores encontraron que los niños que durante el segundo o tercer mes de gestación habían sido expuestos a los antibióticos que ingirieron sus madres tenían, nada más y nada menos, un 84% más de probabilidades de desarrollar obesidad en el futuro en comparación con los niños no expuestos a antibióticos durante la gestación. En dicho estudio también se vio que los partos por cesárea se asociaban con un riesgo un 46% superior de desarrollar obesidad infantil.

### No delegues tu responsabilidad

Conocida esta valiosa información, querido papá, mamá, tío, tía..., querido lector o lectora, de nuevo te toca asumir responsabilidades. Además de confiar en el buen hacer de los médicos y demás profesionales de la salud, debes coger las riendas de tu salud y de la de los tuyos y acudir al médico u hospital solo cuando sea estrictamente necesario. Allí no abundan bacterias beneficiosas, lo aseguran los estudios científicos. Sin lugar a dudas, es mejor pasar cuanto más tiempo en el campo, en la playa o en la montaña y, a poder ser, rodeados de animales. Eso es lo mejor que puedes hacer para asegurar el bienestar de la microbiota y del sistema inmune de tu pequeño, la herramienta más fácil y barata para contribuir a una mejor programación de la salud.

## 4.2. Microbiota intestinal, salud y enfermedad

### *Microbiota intestinal y trastornos metabólicos*

Para comprender hasta qué punto la microbiota intestinal desempeña un papel clave en nuestro metabolismo, en los últimos años se han realizado innumerables estudios con modelos animales para descubrir los rasgos diferenciales de la composición de la microbiota, comparando animales sanos con animales afectados por trastornos metabólicos. También se han llevado a cabo diversos estudios clínicos y de observación en humanos, lo cual tiene mayor relevancia científica, intentando descubrir cuáles son los grupos específicos de bacterias y cuáles son las actividades microbianas que pueden estar vinculados con los diferentes trastornos.

Está bien establecido que la obesidad y la diabetes *mellitus* tipo 2 se asocian con cambios específicos en la composición de la microbiota intestinal. Los mecanismos que subyacen a la asociación entre esta y los trastornos metabólicos incluyen el aumento de la extracción de energía de la dieta, los cambios en la expresión génica del huésped, el gasto y el almacenamiento de energía, así como las alteraciones en la permeabilidad del intestino que desembocan en inflamación crónica generalizada y resistencia a la insulina.

Vamos a exponer algunos de los estudios en torno a las implicaciones de la microbiota intestinal que más impacto causaron en el mundo de la ciencia. Quizás el experimento más representativo de la vinculación entre la microbiota intestinal y el metabolismo, y que puso en la primera línea de investigación la relación entre la microbiota intestinal y la obesidad, fue el realizado en el año 2004 por el grupo del doctor Jeffrey Gordon, de la Escuela de Medicina de la Universidad de Washington. El experimento fue relativamente sencillo, partiendo de ratones libres de gérmenes, es decir, que no tenían microbiota, se les introdujo la microbiota de ratones que sí la poseían. El resultado fue sorprendente: al introducir la microbiota, los ratones, en solo diez días, incrementaron casi en un 60 % sus depósitos de grasa, y eso pese a reducir el consumo de alimentos y aumentar su actividad.

En 2006, el grupo del doctor Gordon fue un paso más allá y demostró que el trasplante de la microbiota intestinal de ratones genéticamente obesos a ratones libres de gérmenes provoca un aumento muy significativo de masa grasa en comparación con los ratones a los que se les trasplantó la microbiota intestinal de ratones delgados. En otras palabras, partiendo de dos ratones idénticos sin microbiota intestinal, el ratón al que se le trasplantó microbiota de un ratón obeso se volvió obeso, mientras que su congénere, al que se le trasplantó la microbiota de un ratón delgado, se mantuvo delgado.

¡Ostras! ¿Trasplantando heces podemos adelgazar? Al menos los ratones sí. Pero ¿y los humanos? ¿Qué pasaría si trasplantamos la microbiota intestinal de seres humanos obesos a ratones, engordarían? Esta pregunta también se la hicieron estos investigadores. En 2013, el doctor Gordon y sus colaboradores publicaron en la prestigiosa revista *Science* un estudio en el que tomaban muestras de mujeres gemelas (genéticamente idénticas), pero que con el paso de los años una de ellas se había mantenido delgada mientras que la otra estaba afectada por la pandemia de la obesidad. Sus muestras de heces (de microbiota intestinal) eran trasplantadas a ratones sin microbiota, y el resultado fue esclarecedor. Los ratones que recibían la microbiota intestinal de la gemela obesa se volvían obesos, mientras que los ratones que recibían los microbios de la gemela delgada permanecían delgados. Y no solo eso, además de aumentar el porcentaje de grasa, con el trasplante fecal también se transfería el fenotipo inflamatorio asociado a la obesidad y otras enfermedades metabólicas.

Estos ejemplos son muestras de un número enorme y creciente de estudios que se llevan a cabo para comprender hasta qué punto y mediante qué mecanismos la composición de la microbiota intestinal desempeña un papel crucial sobre nuestro metabolismo. Queda reflejado que debemos hacer todo lo que esté en nuestras manos para, en primer lugar, programar correctamente nuestra microbiota intestinal y, en segundo lugar, mantener o reprogramar esta microbiota cuando las cosas no han ido del todo bien durante la ventana de oportunidad o cuando en épocas posteriores provocamos alteraciones no deseadas (mala alimentación, estrés crónico, medicación, etcétera).

***Microbiota intestinal y enfermedades «crónicas»: alergias, asma, enfermedad inflamatoria intestinal y muchas más***
La creación y el mantenimiento de una microbiota intestinal comensal con la que establecemos una productiva simbiosis (relación de «buen rollo» en la que todos salimos ganando) no es necesaria únicamente para asegurar un metabolismo óptimo con el que evitar los trastornos y las enfermedades asociadas a su alteración (acumulación excesiva de grasa, diabetes tipo 2 o hígado graso no alcohólico, entre otras). La disbiosis (relación de «mal rollo») también está íntimamente relacionada a otras muchas enfermedades, entre ellas, algunas a las que mal llamamos crónicas.

Si bien es cierto que hay enfermedades con las que por desgracia debemos convivir y sobrellevar de la mejor manera posible, en honor a la verdad, hay patologías denominadas crónicas que tienen solución, aunque llegar a ella sea una labor ardua. Buscar y solucionar el problema de raíz requiere tiempo y una gran implicación por parte del paciente y del terapeuta. Es más fácil dar un fármaco que silencie el síntoma y te permita tirar *pa'lante*, dar otro cuando más adelante aparezca otro síntoma, otro cuando… y así es como muchas personas logran ir tirando, como logran (sobre)vivir. A nuestro entender, son varias las enfermedades llamadas crónicas que no merecen tal calificativo. Entre ellas, trastornos inflamatorios del intestino, alergia, asma, sensibilidad no celíaca al gluten, fibromialgia, artrosis, depresión, algunas patologías autoinmunitarias o trastornos digestivos como dispepsia o gastritis.

Es cierto que a lo largo del último siglo hemos sido capaces de reducir y eliminar muchas enfermedades infecciosas, como el sarampión, las paperas, la hepatitis A o la tuberculosis, mientras que la incidencia del asma, las alergias, la diabetes tipo 1, la esclerosis múltiple y otras enfermedades autoinmunes aumenta vertiginosamente. Así que la pregunta que nos asalta es: ¿qué ha sucedido en el último siglo, especialmente en los últimos cincuenta años, para observar un cambio tan drástico en las enfermedades que afectan al ser humano?

La hipótesis de la higiene, con el doctor Martin Blaser al frente, postula que el exceso de higiene es en gran parte responsable de este dramático aumento de enfermedades no infecciosas. Tal como indicaba Marcos, autor del blog Fitness Revolucionario, en un magistral *post* titulado «¿Somos demasiado limpios? Los beneficios de microbios y parásitos», hay una correlación claramente inversa entre el nivel de suciedad o exposición a gérmenes y la incidencia de estas nuevas enfermedades:

- Los países más ricos tienen entre veinte y sesenta veces más casos de asma, rinoconjuntivitis y eccema que los países menos desarrollados. Entre las tribus ancestrales la incidencia de asma es casi nula.

- En el caso de la diabetes tipo 1 (enfermedad autoinmune), la diferencia es todavía más impresionante, puesto que es cuatrocientas veces más probable que la sufras si vives en Finlandia (país especialmente desarrollado) que en China o Venezuela.

- La incidencia de asma y alergia al polen en la Alemania occidental era mucho mayor que en la Alemania oriental antes de la reunificación, a pesar de (o debido a) que Alemania occidental tenía condiciones higiénicas mucho mejores.

- Los casos de esclerosis múltiple disminuyeron en Buenos Aires tras el corralito financiero de 2001, momento en el que aumentó terriblemente la suciedad en las calles.

- Vivir en el campo, más cerca de animales y polen, protege contra asma y alergias, al parecer por la gran cantidad de endotoxinas que hay en estos entornos naturales.

- Tener más hermanos (y, por tanto, más exposición a gérmenes) protege contra la alergia al polen.

- El mayor uso de antibióticos en niños está asociado con más incidencia de enfermedad de Crohn, colitis, asma y eccema.

### Gut-brain axis: *el eje intestino-cerebro*

El estrés y el miedo puntual son normales, son fisiológicos; es más, son un seguro de vida. Robert Sapolsky, neuroendocrinólogo y autor del famoso libro *¿Por qué las cebras no tienen úlcera?*, cuenta en su libro que lo primero que hará una cebra al ver un león será cagarse de miedo, tal como suena, además, con un olor repugnante. ¿Por qué? Por supervivencia, quizás ese olor ahuyente al cazador. Como las cebras, también nosotros hemos convivido toda la historia con el estrés y el miedo. El problema surge con la llegada de la apodada sociedad del bienestar, en la que el estrés puntual ha dado paso al estrés crónico. Día tras día, reunión tras reunión, examen tras examen, por esto o por aquello, por ti o por el de al lado, nos pasamos la vida estresados y eso ni es normal ni es fisiológico ni mucho menos seguro y saludable.

Piénsalo un momento. ¿Cuántas veces tras una discusión, ante un examen, unas oposiciones, un cambio de trabajo, etcétera, tu tracto gastrointestinal cambia radicalmente? ¿Cómo es posible que siendo de aquellos a los que les cuesta ir con regularidad al baño, la mañana del examen o de la reunión con el jefe parece que te hayas tomado una caja de laxantes? ¿Cuál es el motivo por el que con el cambio de casa y tras la mudanza que tanto te estresó cada vez tienes más gases que, además, huelen fatal? ¿Cómo te encuentras después de ese ascenso o de ese nuevo trabajo por el que tanto habías luchado? Ahora tienes una responsabilidad mucho mayor e ingresos con los que vives «mejor». Sin embargo, tienes que dedicar una parte de estos a pagar a tu terapeuta y los tratamientos que te receta para sobrellevar la hinchazón abdominal, el ardor, las intolerancias alimentarias surgidas, etcétera. ¿Qué hay detrás de todo esto?

Estómago, intestinos y cerebro están estrechamente relacionados. Lo que piensas, sientes y padeces afecta a tu bienestar intestinal. Del mismo modo que lo que comes afecta a tu bienestar emocional. Es un eje, una carretera de ida y vuelta en la que los microbios que habitan en nuestros intestinos tienen mucho, pero que mucho que decir. A esta carretera, a esta estrecha relación entre cerebro e intestino, entre emociones y digestiones, la llamamos *gut-brain axis*.

Hasta el momento, sin adentrarnos en terrenos de la ciencia, gracias a la sabiduría popular, todos sabíamos que esta conexión existía, aunque quizá nunca nos hubiéramos detenido a pensar en ello. No obstante, recientemente se han descubierto dos conceptos de gran relevancia médica. Uno: esta autopista de comunicación es bidireccional, es decir, de arriba abajo y de abajo arriba. Sabemos que lo que ocurre en nuestro intestino afectará, y de qué manera, a las funciones del cerebro. Y dos: a este eje se le ha sumado un órgano, nuestro órgano olvidado, la microbiota intestinal; de ahí que podríamos completar el nombre del eje llamándolo *microbiota-gut-brain axis*. Pero lo mejor de todo esto es que no solo se sustenta por la sabiduría popular o por las experiencias propias de cada uno, artículos como el publicado en 2014 por Mayer y sus colaboradores, «*Gut microbes and the brain: paradigm shift of neuroscience*» («Los microbios del intestino y el cerebro: cambio de paradigma en la neurociencia»), muestran que la conexión entre emociones y digestiones tiene una sólida y compleja base científica.

Y esto que acabamos de esbozar en cuatro líneas y que la sabiduría popular ya conocía se ha convertido en motivo de un sinfín de publicaciones científicas que buscan averiguar qué elementos y mediante qué mecanismos se establece esta estrecha comunicación. Los grupos de estudio más pioneros, como el del doctor John F. Cryan, del Colegio Universitario Cork, o el del doctor Mark Lyte, de la Universidad Texas Tech, empiezan a resolver lo que antaño parecían rompecabezas imposibles. Gracias a su labor, cada vez sabemos más sobre cómo nuestros microbios intestinales y sus metabolitos pueden modular la producción de neurotransmisores, tanto en el intestino como en el cerebro, afectando a su función, y con ello a nuestra conducta.

### La psiquiatría toma un nuevo rumbo: los psicobióticos

En Estados Unidos, trastornos como la depresión y la ansiedad empiezan a tratarse teniendo en cuenta este nuevo y esperanzador eje que conecta pensamientos, emociones y digestiones. Seguro que habrás escuchado hablar multitud de veces de la serotonina, más conocida como la hormona del bienestar y la felicidad. Sus características la convierten en la diana de multitud de psicofármacos que buscan mantenerla en circulación el máximo tiempo posible. Pues bien, resulta que la «*happy* hormona» está regulada por los metabolitos de nuestros pequeñísimos amigos microbianos. ¡Ostras! ¿Entonces las bacterias intestinales también pueden desempeñar un rol importante sobre el estado de ánimo? Efectivamente.

El 95 % de la serotonina se forma en el intestino por unas células con un nombre rarísimo, llamadas células enterocromafines, y bajo la influencia de ciertas bacterias. La cuestión está en que esta serotonina no puede atravesar la barrera del cerebro y, por tanto, no puede tener una acción directa sobre él. Lo que no debe confundirse con que no tenga acción alguna. ¿Entonces? El secreto reside en que esta serotonina lleva a cabo una acción indirecta, dado que regula y controla algunas de las citoquinas (mediadores del sistema defensivo), como son la Il-6 o el interferón gamma. De este modo, son algunas de estas compañeras inflamatorias y no la propia serotonina las que son capaces de atravesar la barrera hematoencefálica (la muralla que protege nuestro cerebro) y modular la producción y actividad de la serotonina cerebral. ¿Y por qué toda esta explicación? Para entender que de la salud de nuestros intestinos y de quienes en ellos habitan depende la correcta síntesis de serotonina intestinal, pero también la correcta producción y acción de la serotonina cerebral.

Y el GABA, ¿te suena? Quizás el GABA no te resulte familiar, pero probablemente sí el Noctamid, el alprazolam, el Trankimazin, el diazepam u otros del estilo. Todos ellos medicamentos que aumentan la actividad de este neurotransmisor inhibitorio del sistema nervioso central, es decir, frenan el impulso excitatorio de las neuronas. En otras palabras, frenan la situación de alarma de nuestro cerebro. ¿Y por qué hablamos de esto? Resulta que ciertas bacterias intestinales son capaces de producir GABA e influir en la actividad neurológica. En resumen, significa que podríamos tener ansiedad debido a un desequilibrio de la microbiota intestinal. A raíz de estos descubrimientos, el citado doctor John F. Cryan y sus colegas acuñaron en 2013 un nuevo término para definir a aquel «organismo vivo que, cuando se consume en cantidades adecuadas, produce un beneficio en la salud de pacientes con trastornos psiquiátricos»; se trata de los psicobióticos.

Llegados a este punto, a pocos sorprenderá que la microbiota intestinal también pueda influir sobre nuestra conducta. El tipo y la diversidad de microorganismos que conforman nuestro ecosistema intestinal parece desempeñar un rol importante en nuestra respuesta cerebral a la hora de tomar decisiones. Quizá sea pretencioso soltar algo así como que nuestras bacterias determinarán nuestra toma de decisiones. Quizá lo sea, pero esto no es una ninguna broma, es lo que se cuece en la ciencia más pionera actualmente. ¿Y si te dijésemos que tus antojos de pasteles de chocolate son provocados por tu microbiota intestinal? Bueno, aunque no te lo vamos a decir, no vaya a ser que alguno pierda todo sentimiento de culpa y se deje llevar por peligrosas tentaciones delegando su responsabilidad en una microbiota alterada y poco diversa; es cierto que recientes estudios en roedores muestran que los deseos hacia ciertos alimentos están influenciados por la composición y la salud de nuestro ecosistema intestinal. Y así, poco a poco, vamos conociendo mejor a nuestros inquilinos y comprendiendo que llevar a cabo una programación óptima de la microbiota intestinal desde la concepción, o hacer lo posible para recuperar su alteración, es de vital importancia para nuestro bienestar.

Finalizado este breve pero esclarecedor repaso a la estrecha relación entre la microbiota intestinal, la salud y la enfermedad, pocas dudas cabe albergar sobre la importancia de llevar a cabo la mejor programación posible de la microbiota intestinal a lo largo de la ventana de oportunidad y de cuidarla y mantenerla durante el resto de nuestras vidas. El descubrimiento de cada vez más mecanismos que conectan a nuestros inquilinos microbianos, a sus actividades y a los metabolitos que producen con nuestra salud metabólica, inmunológica y hasta psicológica y social ha situado a la microbiota intestinal como una diana terapéutica hacia la que apuntan esfuerzos de investigadores e industrias farmacéuticas. Probióticos, prebióticos y una alimentación sana rica en fibras fermentables, junto con la gestión del estrés y el desarrollo de la inteligencia emocional, serán nuestras herramientas para obtener la mejor puntuación de esta diana intestinal que, haciendo las cosas bien, puede aportarnos salud y bienestar. Un nuevo horizonte se abre ante nosotros, un horizonte en el que va a ser importante que sepamos diferenciar entre negocios rentables y soluciones reales. Ayudados por la ciencia y apoyados en el sentido común y la evolución, hallaremos soluciones reales y rentables para nosotros.

# 5.
# Herramientas

## 5.1. Microbiota intestinal como diana terapéutica. Probióticos, prebióticos y fibra

*Probióticos*

¿DE QUÉ HABLAMOS?

Cuando te presentamos la microbiota intestinal como un órgano con mucho que decir sobre nuestro estado de salud, dijimos que estaba compuesto por bacterias, hongos, virus y, en ocasiones, parásitos. Vimos que cuando todo va bien existe un equilibrio entre bacterias «buenas» y «malas» y que la microbiota intestinal de un adulto sano se caracteriza por una elevada diversidad. Pero que, cuando las cosas no van bien, las malas ganan terreno, disminuye la diversidad y esto se asocia con enfermedad. Fruto de las diferencias observadas en la diversidad, la estructura y las funciones entre sujetos sanos y enfermos, la microbiota intestinal se convirtió, como hemos comentado, en una diana terapéutica que prometía, y lo sigue haciendo, grandes mejoras para la salud integral.

Los probióticos, las bacterias y también alguna levadura han demostrado tener efectos beneficiosos sobre el organismo. Se definen como «microorganismos vivos que, cuando se administran en cantidades adecuadas, confieren un beneficio de salud al huésped». Pero ¿cómo pueden los probióticos lograr esto? Según las investigaciones que respaldan el uso de probióticos, la mayoría realizadas en modelos animales, el consumo regular de determinados probióticos puede revertir diversas alteraciones metabólicas e inmunológicas que son el desencadenante de patologías cada vez más presentes entre nosotros. Las bacterias y las levaduras (potencialmente) probióticas pueden ejercer su acción a través de una diversidad de mecanismos como son regular la producción de citoquinas e inducir la secreción de IgA, producir sustancias antibacterianas, estimular la producción del moco que recubre el epitelio intestinal, facilitar las «uniones estrechas» en la barrera intestinal que protegen frente a la invasión bacteriana intercelular y competir con las bacterias patógenas en la adherencia enterocitaria. Con todo ello, los probióticos se han convertido en una gran esperanza con la que recuperar el ecosistema intestinal alterado tanto de niños como de adultos. Pero hay que ser cautelosos y rigurosos, pues también se han convertido en un gran negocio para quienes los comercializan.

¿SOLUCIÓN O NEGOCIO?

Son miles las cepas de bacterias y levaduras que se estudian y patentan con la esperanza de que algún día lleguen a ser un probiótico. Sin embargo, son muchos los factores que entran en juego en la producción industrial de estos, y son muy pocas las cepas que finalmente llegan a comercializarse. No obstante, pese a la complejidad de identificar y producir probióticos, no podemos negar que todo lo que envuelve a la microbiota intestinal está en auge. En la década que va de 2005 a 2015, el número de artículos científicos publicados relacionados con la microbiota intestinal se multiplicó por dieciocho. Y la cuestión es: ¿cómo puede ser esto si la frase más citada en el mundo de la ciencia es aquella de: «No hay dinero para investigación»? Quizá tenga algo que ver que en los últimos años grandes empresas del sector de la industria farmacéutica hayan comprado pequeñas empresas dedicadas a la producción de probióticos y que, escondida entre nuestros microbios, se vislumbre una gran oportunidad de negocio. Quizá sí, o quizá no. Quién sabe, tal vez todo este movimiento se deba al afán de los gobiernos y las industrias de mejorar la salud de la población.

Dejando las ironías a un lado, y sin desmerecer en absoluto el enorme potencial que los probióticos tienen en la mejora de la salud, no podemos volver a caer en la trampa de creer en, y comprar, la solución mágica. Es deber del consumidor ser más crítico y escéptico a la hora comprar probióticos. Del mismo modo que es deber de los legisladores velar, ante todo, por la salud y el derecho del consumidor no permitiendo que existan en el mercado supuestos probióticos que no cumplen con los requisitos necesarios. En *las Guías Prácticas de la Organización Mundial de Gastroenterología* «Probióticos y Prebióticos», podemos leer lo siguiente:

El Consejo para las Ciencias Agrícolas y la Tecnología (<www.cast-science.org>) ha publicado un trabajo sobre probióticos que hace las siguientes declaraciones sobre los postulados de los productos:

Es lamentable que los productos puedan etiquetarse actualmente como probióticos sin estar bien definidos ni respaldados por estudios controlados en humanos.

Para algunos productos hay importantes diferencias entre lo que la investigación ha demostrado como eficaz y lo que se postula en el mercado.

Se ha documentado el caso de productos que no cumplen con lo que declaran sus etiquetas en cuanto al número y el tipo de microbios viables que contienen, y en cuanto a la cantidad que se necesita consumir, para que sean beneficiosos para la salud.

Se sugiere que los fabricantes incluyan en la etiqueta el género, la especie y la cepa de cada probiótico presente en un producto, junto con el número de células viables de cada cepa probiótica que permanezca hasta el final de la vida útil.

[…] Desafortunadamente, algunas compañías han aprovechado esta coyuntura para aplicar el término probiótico a productos que no encajan en este concepto o cuyos presuntos beneficios carecen de cualquier base científica.

No, no creas que es nuestro deseo terminar con la industria de los probióticos. Nada más lejos de la realidad. Se trata de hacerte partícipe de los fraudes y medias verdades de las que nos advierten las instituciones y las organizaciones más importantes que en todo el mundo velan por la seguridad y la eficacia de los probióticos.

¿CUÁNDO, CUÁL Y CÓMO UTILIZARLO?

*¿Cuándo?* Los probióticos han demostrado ser útiles en el tratamiento de ciertos desórdenes y patologías. Por ejemplo, cada vez tenemos más claro que son una gran alternativa a los antibióticos ante una mastitis; cada vez comprendemos mejor que incluir cepas probióticas en las bebidas de fórmula, y que naturalmente están presentes en la leche materna, aporta beneficios al lactante, lo cual tiene toda la lógica del mundo; su uso en la diarrea aguda y la diarrea asociada a antibióticos no deja lugar a dudas sobre sus beneficios; los resultados para el tratamiento del temido cólico del lactante son buenos; también se estudian mucho en la mejora de la enfermedad inflamatoria intestinal y del síndrome de intestino irritable. Pero no solo en el intestino hay bacterias y levaduras, su empleo en casos de vulvovaginitis suele dar buenos resultados y, como hemos visto en el apartado dedicado al *gut-brain axis* (la conexión intestino-cerebro), parece que pueden modular incluso el comportamiento humano.

En fin, los probióticos, cuyo objetivo es devolver el equilibrio perdido en nuestro ecosistema intestinal, pueden ser, o más bien son, un gran aliado para nuestra salud. Y aunque la mayoría de los estudios con los que contamos han sido llevados a cabo en modelos animales, en los supuestos mencionados y cada vez en más trastornos y con mayor seguridad, los probióticos se postulan como un arma terapéutica sin los efectos secundarios indeseables que acompañan a los fármacos.

*¿Cuál?* Una vez que, de acuerdo con tu terapeuta, hayas decidido iniciar un tratamiento con probióticos, hay algunas cosas que tanto los profesionales como los pacientes han de tener presentes para la buena selección e ingesta de un probiótico.

Desde una perspectiva científica, una descripción adecuada de un producto probiótico debería incluir la siguiente información:

- Identificación de género y especie, y nomenclatura que concuerde con los nombres científicamente reconocidos actualmente.
- Designación de la cepa.
- Conteo de organismos viables de cada cepa al final de la vida útil del producto.
- Condiciones de almacenamiento recomendadas.
- Seguridad bajo las condiciones de uso recomendadas.
- Dosis recomendada, que debería basarse en la inducción del efecto fisiológico declarado.
- Una descripción exacta del efecto fisiológico en tanto sea permitido por la ley.
- Información de contactos para la vigilancia poscomercialización.

Poniéndonos manos a la obra, lo que deberías buscar en la etiqueta de un probiótico para tener mayor seguridad de estar comprando un producto de calidad es lo siguiente:

*Designación de la cepa:* es importante que conozcamos el nombre y apellidos del microbio que estamos ingiriendo. Pondremos un ejemplo: en muchos probióticos se pueden encontrar el género y la especie de un probiótico, pongamos por caso, *Escherichia coli,* género y especie respectivamente. Seguramente esta bacteria te suene porque es uno de los organismos potencialmente patógenos más relevantes en el hombre, tanto en la producción de infecciones gastrointestinales como de otros sistemas del organismo. Pero resulta ser que la cepa *Escherichia coli* Nissle 1917 es una de las primeras cepas probióticas que se descubrió y tiene efectos antidiarreicos contrastados. En cambio, una bacteria del mismo género y especie, *Escherichia coli* O157H:7, es un microorganismo que provoca diarreas cuando coloniza el intestino. Este es un ejemplo de la necesidad de identificar en el envoltorio del probiótico que adquirimos el género, la especie y la cepa, que, como has podido comprobar, se compone de un código alfanumérico. Otros ejemplos serían *Lactobacillus fermentum* CECT 5716 o *Lactobacillus rhamnosus* GG.

Otra forma de entender la necesidad de especificar la cepa sería comprender que todos los seres humanos que habitamos este planeta somos *Homo sapiens sapiens*, aunque para el caso lo dejaremos en *Homo sapiens*. Pertenecemos al género *Homo* y dentro de este a la especie *sapiens*. Y coincidirás con nosotros en que a cada uno de nosotros se nos dan mejor unas cosas que otras. Unos tienen un don para cantar, otros para bailar, otros para jugar al fútbol, unos llevan genial las matemáticas mientras que otros las odian y prefieren las letras. La diferencia entre cada uno de nosotros vendría dada por nuestro nombre y apellidos, nuestro código alfanumérico. Así que del mismo modo que si tienes un examen de matemáticas no buscarías a un genio de la escritura que pase de los números, no utilizarás un probiótico que sea un genio para mejorar las diarreas cuando el problema que quieres tratar es una mastitis.

*Conteo de organismos viables de cada cepa al final de la vida útil del producto.* Tal como actualmente se definen y aunque ya existe gran controversia sobre este asunto, los probióticos son «microorganismos vivos». Y, por lo tanto, es necesario que en la etiqueta del producto podamos leer claramente cuál es la cantidad de organismos viables que contiene, que es lo mismo que unidades formadoras de colonias (UFC). Además, debería especificar la cantidad de cada una de las cepas que alberga, y no del conjunto. Esto se traduce en que deberías encontrar la siguiente «$1 \times 10^9$ UFC» al lado de cada una de las cepas probióticas que contenga. Fíjate, verás que en muchos casos no lo encuentras así.

*¿Cómo utilizarlo?* Aunque según la legislación en el prospecto debería indicarte la dosis y la forma de ingerir el probiótico, te daremos cinco consejos que te servirán de guía.

1. Tómalos en ayunas (no menos de tres o cuatro horas después de una comida) y unos veinte o treinta minutos antes del desayuno o de las comidas principales.

2. Si has de resuspenderlos (sobres o polvo), utiliza un vaso de agua mineral lleno a temperatura templada (37 ºC es lo ideal). Remuévelo bien y déjalo reposar un mínimo de quince minutos.

3. Pasados quince minutos o más, tiempo necesario para que las bacterias dejen atrás su estado de letargo y se activen, remuévelo bien y tómalo.

4. No comas nada inmediatamente después. Espera un mínimo de veinte minutos. Lo mejor que puedes hacer tras la toma es ingerir una comida rica en fibras fermentables (te lo contamos a continuación) y baja en grasa (ralentiza la digestión) y proteínas (puede favorecer a las bacterias proteolíticas).

5. Por último, recuerda, los probióticos no son la panacea. El terapeuta ha de valorar si es o no conveniente, cuál tomar y durante cuánto tiempo.

### Abordar el ecosistema intestinal

Ya conoces mejor el mundo de los probióticos, conoces la esperanza que tenemos en ellos para que nos ayuden a restaurar el equilibrio del ecosistema intestinal que muchas personas han perdido o que alteramos en determinadas épocas o situaciones. Pero la cuestión es: ¿son los probióticos la única opción para reprogramar la microbiota intestinal? ¿Son la mejor? ¿Puedo tomarlos y seguir con mi vida pensando que ellos lograrán restaurar el equilibrio perdido?

Hay una afirmación que se puede leer en el artículo «Progreso en el conocimiento de la microbiota intestinal humana», escrito por la doctora Virginia Robles y el prestigioso doctor Francisco Guarner, del Hospital Vall d'Hebrón de Barcelona, que dice así: «Es también necesario resaltar que cualquier aproximación terapéutica que intente devolver un equilibrio perdido ha de realizarse desde una óptica de ecología bacteriana, es decir, tratando de restaurar grupos bacterianos y no cepas aisladas […]». Y esto es, a nuestro entender, la pieza clave del rompecabezas y el motivo por el que pretender restaurar un ecosistema tan complejo, rico y diverso como es el ecosistema intestinal dañado por un estilo de vida cada vez más alejado del que nos ha permitido evolucionar con éxito, mediante la ingesta de un probiótico con una, dos o diecisiete cepas bacterianas como único tratamiento, supondrá casi con toda seguridad un fracaso y una pérdida de dinero.

Si de verdad estamos comprometidos y nuestro deseo es programar y poseer un ecosistema intestinal lo más diverso y sano posible, nos parece que lo más lógico es buscar y analizar quiénes son en nuestro planeta los seres humanos que poseen aquello que anhelamos encontrar. Pues bien, los yanomami, una tribu que permanece aislada en el Amazonas, fuera de todo contacto con nosotros (los «Homo industriales», siempre limpios y relucientes), poseen la mayor diversidad microbiana que se haya encontrado entre los humanos, tal y como mostraron la doctora Domínguez Bello y su equipo en un artículo publicado en 2015. ¿No te parece razonable que la mejor manera de acercarnos al ecosistema intestinal ideal sería imitar, en la medida de lo posible, a quienes lo poseen? ¿Cómo lograrlo? Lo hemos visto a lo largo del libro, pero recordémoslo: volver a comer comida, gestionar nuestros niveles de estrés, cuidar de nuestro bienestar emocional, descansar lo suficiente y respetando el ritmo circadiano del día y la noche, dar a luz por parto natural y aportar lactancia materna siempre que sea posible, exponernos desde pequeños al medio natural, a los animales, y estar en contacto con otros niños, evitar tanto como podamos la toma de antibióticos y otros fármacos, especialmente durante la ventana de oportunidad, tomar el sol y movernos mucho más.

Para terminar, permítenos una última reflexión. Si no estás dispuesto o no crees que este sea tu momento para poner en práctica lo que acabamos de proponer, si en tu vida personal o profesional abunda el estrés, las prisas, la inactividad o la comida procesada, o cambias tu alimentación, dejas de lado los procesados y comes comida de verdad, descansas correctamente y empiezas a respetar y amar a tu cuerpo, a tu mente, a tu gente y con ello a tus bacterias, o por muchos y muy buenos probióticos que tomes, tu salud y tu calidad de vida seguirán estando seriamente comprometidas.

## Prebióticos

### ¿DE QUÉ HABLAMOS?

Prebiótico y probiótico no es lo mismo, pero no solo por la letra que tienen diferente. Mientras que un probiótico sería un soldado (una bacteria o levadura), el prebiótico es la comida del soldado. Con escasez de soldados, nuestras murallas (epitelio intestinal) quedan desprotegidas y terminamos enfermando. De igual modo, tener soldados mal alimentados genera soldados débiles y con poca diversidad, lo que también se traduce en enfermedad.

Hemos visto que, para bien o para mal, la alimentación está detrás de muchos casos de alteración de la microbiota intestinal y, por tanto, de nuestra salud. Los probióticos pueden ser de utilidad cuando queremos tratar patologías en concreto, pero ahora que tenemos claro que la clave del éxito reside en abordar el conjunto de nuestro complejo ecosistema intestinal para favorecer a los buenos y perjudicar a los malos, el primer paso del que debemos preocuparnos es de responder a la pregunta: ¿cómo alimentamos a nuestros soldados microbianos?

«Los prebióticos son ingredientes alimentarios que al ser fermentados selectivamente producen cambios específicos en la composición o en la actividad de la microbiota gastrointestinal confiriendo beneficios en la salud del individuo.» Y los requisitos que se le exigen a un ingrediente para ser considerado un prebiótico son:

- Que sea resistente a la acidez gástrica, a la hidrólisis enzimática y a la absorción intestinal.
- Que sea fermentado selectivamente por bacterias beneficiosas de la microbiota intestinal.
- Que sea capaz de inducir efectos fisiológicos beneficiosos para la salud del consumidor.

¿Te imaginas que pudieses coger esos ingredientes prebióticos, extraerlos de los alimentos y meterlos dentro de cápsulas? ¡Se venderían a millones! ¿Te imaginas que la industria consiguiera añadir esos ingredientes prebióticos muy saludables a productos procesados muy poco saludables? Seguro que caeríamos en la trampa y compraríamos productos como si de alimentos sanos se tratase. Sí, claro, era una ironía, todo eso está en el mercado y supone un gran negocio. Por lo tanto, la cuestión y nuestra intención es descubrir dónde encontramos los prebióticos y conocer si es necesario consumirlos en forma de suplementos o si la naturaleza puede proveernos de alimentos que sean una buena fuente de estos. Porque de ser así todo sería más fácil, barato y natural.

Según el consenso científico sobre prebióticos de la Sociedad Española de Probióticos y Prebióticos, encontramos que: «De entre todos los ingredientes alimentarios, los carbohidratos no digeribles son los candidatos más importantes para ser considerados como prebióticos. Estos carbohidratos pueden estar presentes de forma natural en alimentos tales como leche, miel, hortalizas y verduras (puerro, alcachofa, espárrago, ajo, cebolla, achicoria, etcétera), frutas, cereales (trigo, avena), legumbres y frutos secos, de donde se pueden extraer, aunque también pueden obtenerse por métodos químicos y enzimáticos». Por lo tanto, aportar los prebióticos que necesitamos para alcanzar y mantener una microbiota intestinal sana es posible de forma natural a través de comida de verdad. Sin necesidad alguna de utilizar para ello métodos químicos y enzimáticos y los suplementos que de ellos se deriven.

Malestar y cierta indignación es lo que nos genera echar un vistazo a la guía práctica de la Organización Mundial de Gastroenterología «Probióticos y prebióticos» y leer que: «A diferencia de los probióticos, la mayoría de los prebióticos son utilizados como ingredientes de alimentos en galletitas, cereales, chocolates, productos de untar y productos lácteos». Ha llegado un punto en el que todo se ha vuelto tremendamente difícil para el consumidor, incluso para aquel que tiene un gran interés por cuidar de su salud y de la de los suyos y quiere acceder a información veraz. Incluso para los profesionales de la salud se hace complicado encontrar cursos, consensos, congresos o publicaciones que contengan (in)formación sin manipulaciones y actualizada. Sin un esfuerzo sincero por parte de todos los estamentos implicados encargados de velar por la salud pública (políticos, gerentes, familiares, sanitarios, científicos, asociaciones científicas, docentes, industrias y medios de comunicación), el esfuerzo que llevamos a cabo los profesionales de la salud para concienciar y desaconsejar el consumo de productos de dudosa o nula calidad será un esfuerzo inútil. No, por más prebióticos, vitaminas y minerales que puedan contener, consumir «galletitas, cereales, chocolates, productos de untar y productos lácteos» está desaconsejado para una vida sana en niños y adultos.

¿DÓNDE? FIBRA Y POLIFENOLES

La fibra, o, técnicamente, «los polímeros de carbohidratos con tres o más unidades monoméricas que no se digieren ni se absorben en el intestino humano», es la que mayormente se asocia con los ingredientes prebióticos de los que hablábamos, y, de hecho, así es. La mayoría de los ingredientes que cada día ingerimos en nuestra alimentación y que finalmente alimentarán a nuestros microbios beneficiosos los aportamos en forma de fibra. El mundo de la fibra es tan complejo y está tan manipulado que le hemos dedicado muchas horas de estudio que plasmaremos a continuación. Pero no solo algunos tipos de fibra son compuestos prebióticos, los polifenoles también tienen una acción prebiótica.

Los polifenoles también son compuestos que, por sus características químicas, son de difícil absorción, lo que permite que algunos lleguen hasta la gran metrópolis microbiana, el colon, y que allí sean aprovechados por la microbiota intestinal. Además, la relación entre polifenoles y microbiota va un paso más allá. Por un lado, sirven de alimento para los microbios y, por otro, estos llevan a cabo una biotransformación de los polifenoles necesaria para que puedan ejercer la acción terapéutica que los estudios han observado tras su consumo. Este es el caso de los metabolitos de la granada (muy rica en polifenoles), que, según parece, pueden ayudar en la prevención del cáncer. La urolitina, el compuesto que parece ofrecer esos beneficios, aparece solo cuando la microbiota intestinal biotransforma los polifenoles de la granada. Una prueba más del papel clave que nuestros huéspedes intestinales ejercen sobre nuestro bienestar, y de la importancia de cuidarlos y alimentarlos correctamente. ¿Alimentos ricos en polifenoles? Frutos rojos, cacao puro, té verde, miel cruda y especias (cúrcuma, tomillo, orégano, canela, etcétera) pueden ofrecerte un aporte extra de polifenoles. Pero ten presente que la mejor forma de aportar tanto polifenoles como fibra es una alimentación rica en frutas y hortalizas.

## Fibra

UNA SEGUNDA MIRADA A ESO DE LA FIBRA

«Queremos hacer hincapié en que lo que nos han hecho creer a todos sobre la fibra necesita una segunda mirada. Muchas veces elegimos creer una mentira, es así como una mentira repetida suficientes veces por suficientes personas se acepta como verdad. Instamos a los médicos a mantener una mente abierta. Si bien hay algunos beneficios de una dieta rica en fibra natural, uno debe saber las indicaciones exactas antes de recomendar una dieta de este tipo. Los mitos sobre la fibra deben ser desacreditados y la verdad, instalada.»

Esto que acabas de leer no es ni más ni menos que la cita literal traducida de la conclusión de un estudio publicado en la prestigiosa revista *World Journal of Gastroenterology* en el año 2007. No encontramos una forma más clara y concisa de expresar nuestra postura acerca del inadecuado planteamiento actual sobre el consumo de fibra. No obstante, nos esforzaremos para que todos podamos entender el porqué de esta afirmación. Llevan décadas intentando convencernos (y casi siempre lo consiguen) de «que no hay alimentos buenos y malos», de que en una alimentación sana hay que «comer de todo con moderación» y de que los productos ultraprocesados enriquecidos con, o bajos en, muchas veces bajo el nombre molón de alimentos funcionales o «superalimentos», son lo más de lo más. Eslóganes del tipo «Para crecer sano y fuerte necesitas consumir tal o cual» o «Para que tus defensas desayunen no puedes pasar sin esto o aquello» no tienen más finalidad que vender. Por supuesto que existen alimentos buenos y malos, por supuesto que no tienes que comer de todo si realmente quieres alimentarte de forma sana y, por favor, créenos, lo que tu salud compraría no es, en la mayoría de las ocasiones, lo que en los medios de comunicación o cualquier otro medio de publicidad te aconsejan comprar, más bien al contrario.

Con tal de analizar con más detenimiento el porqué de todo esto que te estamos diciendo, vamos a dedicar unos cuantos párrafos más a la fibra. Posiblemente te suceda, como a la mayoría de la población, que cuando escuchas «fibra» automáticamente piensas: «Ah, sí, lo de ir al baño». El mundo entero coincide en afirmar que la fibra es muy buena para regular el tránsito intestinal y los estudios demuestran que, entre otras graves patologías, puede prevenir el cáncer de colon. ¿Verdad que tú también sabías esto? Pero la cuestión es: ¿hasta qué punto acierta la «sabiduría popular»? ¿Toda la fibra es igual? ¿Cómo llegó a hacerse tan famosa? ¿Quién descubrió sus beneficios? ¿Cómo terminó formando parte del bol del desayuno de media humanidad? ¿Quién inició el *boom*?

FIBRA: LOS ORÍGENES

Denis Parsons Burkitt fue un médico irlandés que tras la Segunda Guerra Mundial se trasladó a África, concretamente, a Kampala. Allí ejerció la medicina e hizo dos grandes contribuciones a la ciencia: la primera, descubrir la etiología (la causa) del cáncer pediátrico que lleva su nombre, el linfoma de Burkitt, la segunda y que ahora nos ocupa, descubrir la importancia de la fibra dietética como protector de enfermedades como el cáncer de colon. Comparó la dieta rica en fibra propia de las sociedades cazadoras-recolectoras de África con la dieta occidental propia de los países desarrollados como Gran Bretaña, y estableció una relación negativa entre la alta ingesta de fibra y el cáncer de colon (a mayor ingesta de fibra, menor prevalencia de cáncer). El doctor Burkitt publicó el primero de sus estudios en 1971.

Hasta aquí todo parece ir bien, ¿verdad? Un médico altruista que decide dejarlo todo para ayudar a mejorar la vida de los más pobres aun a costa de arriesgar la suya propia, un médico sin ansias de enriquecerse que lleva a cabo investigaciones para esclarecer los motivos por los que la occidentalización nos trajo, nos trae y nos traerá aspectos positivos, sí, pero también graves problemas de salud. Y todo ello en un lugar fuera de todo foco mediático. En fin, una historia memorable. Lo que ocurrió después ya es otro cantar.

La poderosa industria del cereal se hizo eco de estas investigaciones y a la vista de tan buenos resultados debieron de pensar algo así como: «¿Fibra? ¿Que la fibra es buena? Pero ¡si de eso están llenos los cereales que nosotros vendemos! ¿Y dicen que protege contra el cáncer? ¡Esto es la bomba! ¡Nos forramos!». Sumar a la popularidad que estaba adquiriendo la ingesta de cereales en esa época el supuesto efecto beneficioso de uno de los ingredientes que contenía supuso que la compañía fundada por el señor Kellogg se convirtiera en poco tiempo en la empresa líder mundial del sector del cereal para el desayuno.

### KELLOGG, CEREALES Y FIBRA. ÉXITO EMPRESARIAL, ESTAFA INTESTINAL

John Harvey Kellogg, «¡un genio!». Medio mundo come un producto con su nombre y encima quienes lo comen lo hacen convencidos de que están haciendo lo mejor para su salud. Un éxito del señor Kellogg y sus descendientes digno de ser estudiado en las mejores escuelas de márquetin y negocios del mundo. El señor Kellogg era un hombre que creía en los beneficios de la dieta vegetariana y del ejercicio, a la vez que tenía otras peculiaridades. Fue un fiel seguidor de la Iglesia Adventista del Séptimo Día, un tipo de religión cristiana protestante. Llama la atención su búsqueda insaciable de alguna forma de evitar y castigar la masturbación. Sí, sí, tal como suena. En una de sus obras, *Tratamiento contra el autoabuso y sus efectos*, recomendaba cosas como que la circuncisión sin anestesia era lo mejor para ahuyentar los deseos de la masturbación masculina. Veía la ausencia de anestesia como un efecto saludable para la mente del individuo, tanto más si se asociaba a la idea de castigo. En las mujeres se debía utilizar el fenol, un desinfectante, directamente aplicado en el clítoris para disminuir la excitación anormal, como él la entendía. El señor

Kellogg pensaba que una dieta basada en cereales y exenta de proteína animal disminuía las ganas de tener sexo y de sentir placer con ello. Vamos, que el hombre estaba encaprichado en cambiar una de las leyes que rigen el ser humano, la reproducción.

Y podrás pensar: ¿qué me están contando estos dos del señor Kellogg? Pero ¿el libro no iba de estrés, bacterias y alimentación? Pues sí, el libro, entre otras cosas, va de qué comer, de qué no comer, de por qué hacerlo o por qué no. Por eso queremos explicar las verdades en torno a aquello que se supone que debe ser la base de una alimentación saludable, los cereales. Verdades que, como la del pasado del señor Kellogg, muchas veces son incómodas para los intereses de algunos. Y es que resulta increíble que, por intereses económicos no relacionados con la salud, este señor y su «creación» hayan tenido y tengan más impacto en la forma en que nos alimentamos los seres humanos que el señor Charles Darwin, pionero en la teoría de la evolución del ser humano; una prueba más de que hace tiempo que nos alejamos (intereses industriales mediante) de la alimentación que nuestra especie necesita para alcanzar y mantener su salud y asegurar la reproducción.

Entre una industria del cereal que prioriza el negocio a la salud, un fanático de la castidad y una pirámide nutricional forjada a base de información manipulada y subvencionada que sitúa a los cereales como el alimento más importante para alimentarnos saludablemente, ¿qué tenemos?: ¡una bomba! ¡Cereales para desayunar! Pero, bueno, al final, tampoco podemos atacar indiscriminadamente la industria del cereal, pues esta, como tantas otras, busca alcanzar un equilibrio cuanto más positivo mejor en su balance de ingresos/gastos. Y es de esperar que para ello ponga todo su empeño en conseguirlo, pagando (si se deja) a quien sea menester. Por ello, nuestras protestas y denuncias deberían dirigirse, especialmente, contra aquellos que se dejan manipular, que lanzan recomendaciones oficiales no basadas en las necesidades y las evidencias reales, y contra aquellos que permiten que anuncios, alegaciones y eslóganes que inducen a error y confunden a la población gocen de inmunidad. Deberíamos ser los propios consumidores, los científicos, las asociaciones y los gobiernos los que no permitiésemos que esto pueda suceder.

Como ejemplo de esta insalubre permisividad y dejadez, te recomiendo un anuncio que se emitió durante un tiempo en los canales de televisión españoles. La escena era algo así: una pareja en un ascensor de buena mañana, enfadados, no se hablan y no tienen ganas de disfrutar del nuevo día. A la mañana siguiente se repite la escena, pero esta vez están muy distintos. Se les ve en el mismo ascensor, felices, optimistas y llenos de vitalidad para afrontar el nuevo día. ¿El motivo del cambio? La noche anterior hicieron una gran elección para su cena, decidieron cenar un hermoso bol de cereales que los recargó de energía y les hizo ir al baño antes de salir de casa. Permitir que anuncios como este se emitan confunde a la población y perjudica su salud. Y lo peor de todo es que insta a comer alimentos que, más allá de lo perjudiciales que puedan ser, hacen que dejes de tomar una cena compuesta por comida de verdad: por ejemplo, hortalizas en cantidad, aguacate, aceite de oliva virgen extra, huevos, frutos secos y manzana.

UNA SIMPLIFICACIÓN FALAZ E INTERESADA.
DESMONTANDO EL MITO

Bien, ya conocemos un poco mejor la historia de la fibra. Ahora sabemos que el doctor Burkitt, analizando la dieta de ciudadanos africanos alejados de todo tipo de alimentación industrializada, descubrió que estos tenían una menor prevalencia de cáncer de colon entre otras enfermedades. Ya sabemos que el señor Kellogg y sus compañeros aprovecharon el filón para crear el imperio de los cereales del desayuno y demás subproductos que abarrotan los supermercados, los desayunos, los almuerzos y las meriendas de media humanidad. Y, por si no fuera suficiente, ahora también los anuncian como óptimos para comer y cenar. Los únicos peros que nosotros pondríamos al negocio que se montó son: ¿alguien se preguntó qué tipo de alimentos ricos en fibra estaban consumiendo aquellos africanos que tenían menor riesgo de cáncer? ¿Cuál era el tipo de fibra que consumían? ¿Los alimentos que consumían eran naturales o habían sido procesados? ¿Contenían la fibra de forma natural o se les añadía después? Ay, ay, ay, ya estamos como con el huevo y el colesterol, como con la grasa y los problemas de corazón, como con los frutos secos y el sobrepeso… ¡La volvimos a liar! ¡Nos volvieron a engañar!

Quienes hemos realizado estudios relacionados con la salud en los que se ha abordado en mayor o menor medida el tema de la alimentación y la nutrición casi con toda probabilidad hemos aprendido que las dietas altas en fibra se asocian a una menor incidencia de cáncer de colon y de diverticulosis, a un mejor tránsito intestinal, a un mayor bienestar de la microbiota intestinal, a una mayor saciedad y a otros tantos efectos beneficiosos. La cuestión ante tales afirmaciones reside en conocer con qué fibra se lograron los beneficios y en qué alimentos se encontraba. Porque de no hacerlo así, podemos faltar a la verdad.

En un estudio de casos y controles con casi mil quinientos participantes, publicado en el año 2000 en *New England Journal of Medicine* y llevado a cabo por el grupo del Departamento de Cáncer de la Universidad de Arizona, se mostró que el grupo que consumía un suplemento de salvado de trigo presentaba más síntomas gastrointestinales: náuseas, dolor abdominal, gases, hinchazón, etcétera. Pero no solo eso, el salvado de trigo, además de no proteger contra la recurrencia de un adenoma colorrectal, aumentaba significativamente el riesgo de padecerlo. En otro estudio, en este caso con una intervención a doble ciego, el equipo de la doctora Jacobs mostró que el grupo que aumentó la ingesta de fibra y que además se suplementó con salvado de trigo no obtenía mayor protección contra el adenoma colorrectal.

En el estudio que en 2007 llevaron los doctores Tan y Seow-Choen revisaron los resultados de estudios de casos y controles, estudios longitudinales o epidemiológicos y estudios de intervención y todos concluyeron que la ingesta de fibra ni protege contra el cáncer de colon ni contra su recurrencia. Y decían textualmente: «La fibra insoluble pura es el último alimento basura. No es ni digerible ni absorbible y, por tanto, carece de nutrición. Las personas que ingieren este tipo de fibra la están ingiriendo solo para producir más heces». ¿Esto significa que no debemos comer alimentos con fibra insoluble? No. Por ejemplo, el almidón resistente es un tipo de fibra insoluble y te recomendamos que lo ingieras en cantidades importantes. La cuestión y la importancia real de este estudio reside en una de sus conclusiones: «Queremos hacer hincapié en que lo que nos han hecho creer a todos sobre la fibra necesita una segunda mirada. [...] Los mitos sobre la fibra deben ser desacreditados y la verdad, instalada».

Pero eso no es todo. Hay una relación que conoces a la perfección, y que no puede fallar: cuanta más fibra consumes, más vas al baño. No hay nada como una dieta alta en fibra para ir más y mejor al baño. ¿Seguro? En 2012, en la revista *World Journal of Gastroenterology*, Ho y sus colaboradores publican un estudio en el que ponen patas arriba esta relación defendida durante siglos. En el estudio que llevaron a cabo estos investigadores estudiaron a 63 personas con estreñimiento idiopático (sin causa conocida). Estos se dividieron en tres grupos. Uno de los grupos prácticamente dejó de consumir fibra, otro redujo el consumo y un tercero continuó con su consumo habitual. ¿Y qué grupo consiguió mejorar sus deposiciones y sus síntomas gastrointestinales? Sí, seguramente rompamos todos tus esquemas, pero quienes menos fibra consumían mejoraron significativamente el número de deposiciones en comparación con los que continuaron con su consumo de fibra habitual. No, esto no significa que tengas que dejar de consumir fibra, pero sí que debemos tener presente que aquello que nos contaron puede estar equivocado.

Para terminar, y tras la revisión bibliográfica realizada, la conclusión a la que podemos llegar es que no está nada claro, en ocasiones todo lo contrario, que los efectos beneficiosos que siempre hemos asociado al consumo de fibra sean ciertos. Guiándonos por un último metaanálisis de ensayos clínicos controlados y aleatorizados, algo así como el estudio de los estudios, publicado en 2012, se concluye que el consumo de fibra podría aumentar ligeramente el número de evacuaciones en personas con estreñimiento, aunque no mejoraría ni la consistencia de las heces ni el dolor durante la defecación. Además, hay que tener en cuenta que cada estudio incluido es diferente, con un tipo de fibra diferente, con una metodología diferente, quizá con unos intereses diferentes, por lo que, al final, volvemos a lo de antes: todo depende. A la vista de las investigaciones científicas revisadas, muchas de las bondades atribuidas a la fibra no tienen suficiente sustento científico, y hacer una generalización sobre sus bondades sería como decir que las personas hacemos las cosas bien o mal; hay tantas formas de hacer las cosas como personas existen, seguramente hay tantas formas en que una fibra puede actuar sobre el organismo como tipos de fibra existen, es decir, muchas y muy diferentes. No compres cereales de desayuno pensando que así irás mejor al baño y tendrás el vientre más plano. No dejes que te engañen.

VOLVAMOS A EMPEZAR. FIBRA DIETÉTICA:
¿QUÉ, POR QUÉ, CUÁL, DÓNDE Y CÓMO?

*¿Qué y por qué?* Actualmente no hay una definición de «fibra» consensuada en todo el mundo. Según la definición realizada en 2009 por la Comisión del CODEX Alimentarius, por fibra debemos entender «polímeros de carbohidratos con tres o más unidades monoméricas que no se digieren ni se absorben en el intestino humano». ¿Qué significa esto? Pues que se trata de una definición tan ambigua que existe una enorme cantidad de carbohidratos diferentes a los que se los puede considerar fibra. Lo cual, en sí mismo, no es un gran problema, solo que los consumidores deberíamos conocer que caer en la simplificación de que la fibra es buena, así, en general, puede llevarnos a cometer errores o a guiar nuestra alimentación por intereses de terceros.

Tradicionalmente, para clasificar los tipos de fibras se ha utilizado su grado de solubilidad. Dividiéndose así entre fibras solubles e insolubles. Las solubles tienen una gran capacidad de captar agua, por lo que producen una sensación de saciedad, regulan el tránsito intestinal, y ralentizan la digestión y la absorción de la glucosa. Mientras que la fibra insoluble aumenta el volumen de las heces, regulando el tránsito intestinal. Vamos, la que se ha utilizado siempre para ir más al baño. Son múltiples los artículos que se pueden encontrar en la literatura hablando sobre la fibra, con criterios en muchas ocasiones realmente dispares y contradictorios entre sí. Se tiende a asociar fibra soluble con fibra fermentable y fibra insoluble con fibra no fermentable. Pero esto no siempre es así, como en el caso del almidón resistente. En cualquier caso, no es nuestra intención ponernos a debatir si un tipo de fibra es soluble o insoluble o si las más solubles son las buenas y las insolubles las malas, nosotros queremos ser ¡prácticos!

Nuestra aportación a este mundillo complejo y un tanto manipulado de la fibra es centrarnos en realizar una clasificación coherente con las necesidades de nuestra microbiota intestinal, diferenciando las fibras poco fermentables, celulosa, lignina y la mayoría de las hemicelulosas, de las altamente fermentables, pectinas, gomas, mucílagos, almidón resistente, fructanos (inulina y fructooligosacáridos), galactooligosacáridos y algunas hemicelulosas. Pero tiene que ser una aportación práctica, sencilla, útil… Queremos llevar a cabo una traducción alimentaria y culinaria, es decir, pasar de la teoría a la práctica, del ingrediente al alimento.

Fermentación, esa es la palabra clave. Uno de los pilares de este libro y, por tanto, del bienestar de niños y adultos es la salud de los microorganismos que habitan en nuestro tracto gastrointestinal, nuestra venerada microbiota intestinal. Pues bien, ellos, como nosotros, necesitan comer. Y a la forma en que ellos procesan y aprovechan las partes de los alimentos (no solo carbohidratos) que nosotros ni digerimos ni absorbemos se la denomina fermentación. Y si ahora hacemos una regla de tres tal que así: si para nuestro bienestar necesitamos bacterias bien alimentadas y las bacterias para alimentarse necesitan fibras fermentables, ¿qué necesitamos nosotros? ¡Fibras fermentables! Ya tenemos el *qué* y el *por qué*.

*¿Dónde y cómo?* Llegados hasta aquí, seguro que ya no tienes ninguna duda sobre que una alimentación rica en frutas, hortalizas y tubérculos es una parte insustituible del remedio fácil y natural para prevenir o revertir muchos de los desórdenes metabólicos que nos azotan. Pero como bien sabes, hay diferentes tubérculos, muchas frutas y muchísimas hortalizas, algunas verdes (verduras) y otras no. Veamos con más detalle y de forma muy práctica cuáles de esos alimentos son los más interesantes por su elevado aporte de fibra fermentable, cuál aporta cada uno y cómo es mejor comerlos: crudos, cocinados, al vapor, a la brasa, calientes, fríos, etcétera.

*Pectina.* ¿Dónde? Kiwi, uva, pomelo, plátano, limón, naranja, manzana, cereza y zanahoria. ¿Cómo? Para conseguir que la pectina sea más accesible para nuestras bacterias, lo mejor es cocer ligeramente estos alimentos. Preparar, por ejemplo, una compota de manzana.

*Mucílagos.* ¿Dónde? Semillas de lino, semillas de chía, algas pardas (wakame, kombu, espagueti de mar, cochayuyo) y algas agar-agar. ¿Cómo?

- Preparar una decocción de semillas de lino para extraer toda la fibra.
- Preparar un pudín de chía añadiendo una cucharada sopera de semillas a un vaso de agua caliente, y luego darle el sabor que nos guste añadiendo un poco de chocolate puro y miel cruda.
- Agregar un trocito de algas wakame a un caldo o un puré.
- Hacer una gelatina saludable con algas agar-agar y añadir unos dados de fruta.

*Almidón resistente* (AR). ¿Dónde? Patata y boniato, plátano y plátano macho. ¿Cómo?

- Tenemos que cocinar los alimentos y luego dejarlos enfriar en el frigorífico. Una vez enfriados, podemos recalentarlos a baja temperatura antes de consumirlos.
- Es mucho mejor cocinarlos al vapor o asados que hervirlos con agua. De esta forma es como obtendremos la mayor cantidad de AR.
- La patata, siempre asada, entera y con piel y enfriada con piel hasta los 4 ºC. Antes de comerla quitamos la piel. Es una fuente excelente de AR.
- Importante: los cereales y las legumbres también son alimentos ricos en almidón resistente después de cocinar y enfriar, aunque los garbanzos y las lentejas son los que más AR contienen. Pero por todo lo explicado sobre sus pros y contras (lectinas, saponinas, ácido fítico, gluten, agroquímicos y otros tóxicos) no los consideramos una

fuente ideal de AR. Con el arroz de grano largo obtendrás más almidón resistente.

*Fructanos* (inulina y fructooligosacáridos o FOS). ¿Dónde? Raíz de achicoria, puerros, cebolla, espárragos y alcachofas. ¿Cómo?

- Cuanto menos cocidos, mejor. Hay que evitar el contacto con el agua.
- Preparar un zumo con bebida vegetal y achicoria soluble.
- Unas alcachofas asadas.
- Unos espárragos asados.
- Una cebolla macerada en vinagre.

*Hemicelulosas fermentables* (glucomanano y betaglucanos). ¿Dónde? Los copos de avena integral libres de gluten son una buena fuente de betaglucanos. Está demostrado que ayudan en el control de la glucemia y del colesterol y, además, modulan positivamente la microbiota intestinal. ¿Cómo?

- Cuece los copos aproximadamente cinco minutos (depende del tamaño y de la calidad del copo). Luego prepara un plato a tu gusto añadiendo fruta, semillas de chía, frutos secos o cacao puro, lo que te guste.
- Importante: podemos encontrar glucomanano en forma de suplementos o de productos procesados fabricados a base de glucomanano, pero ya conoces nuestra postura acerca de este tipo de productos, están descartados.

*Galactooligosacáridos o GOS.* ¿Dónde? Las legumbres son ricas en GOS, y ese es el motivo por el que muchas personas tienen flatulencias al consumirlas. ¿Cómo? Si decides consumir legumbres, lo más importante es que las dejes en remojo entre doce y veinticuatro horas, con ello conseguirás eliminar un porcentaje importante de los antinutrientes que contienen.

## No caigas en la trampa. Una última reflexión

Antes de terminar con el que quizás haya supuesto para ti un redescubrimiento del complejo mundo de la fibra, para nosotros lo fue, nos gustaría dejarte con un ejemplo de cómo algunos artículos de investigación, consensos científicos, recomendaciones oficiales y la práctica totalidad de anuncios que verás, oirás o leerás en medios de comunicación te guían hacia la compra de productos que ni necesitas ni son mejores ni más saludables que los alimentos naturales. Sharma y sus colaboradores publicaron en 2016 un artículo de revisión sobre los avances en el conocimiento y la manipulación de la fibra para la elaboración de alimentos funcionales. Parte de su escrito versaba como sigue:

> El rápido crecimiento de la industria dedicada al procesamiento de alimentos en la mayoría de los países de todo el mundo genera una gran cantidad de subproductos, incluyendo cáscaras y pieles de frutas, salvados de cereales, orujo de aceitunas, vainas, tallos, pulpas, etcétera, que tienen un menor uso y crean una considerable contaminación del medio ambiente. Con el creciente inte-

rés en la promoción de la salud con los alimentos funcionales, la demanda de compuestos bioactivos naturales se ha incrementado, como también lo ha hecho la exploración de nuevas fuentes de estos compuestos. Muchos de los subproductos fruto del procesamiento industrial de alimentos industriales son fuentes ricas en fibras dietéticas, funcionales y novedosas. Estos subproductos pueden ser directamente (o después de ciertas modificaciones para el aislamiento o purificación de la fibra) utilizados para la fabricación de diversos alimentos, es decir, pan, bollos, pasteles, pasta, fideos, galletas, helados, yogures, queso, bebidas, batidos de leche, desayunos instantáneos, té helado, jugos, bebidas deportivas, vino, bebida en polvo, productos lácteos fermentados, productos cárnicos y análogos de la carne, carne sintética, etcétera.

¡Perdón! ¿Cómo? Analicémoslo.

Efectivamente, «el rápido crecimiento de la industria dedicada al procesamiento de alimentos […] genera una gran cantidad de subproductos […] y crean una considerable contaminación del medio ambiente». Pues precisamente por eso lo mejor que podríamos hacer, tanto por la salud del medio ambiente como por la salud del ser humano, es producir y consumir cuantos menos productos ultraprocesados, mejor. No sabemos a ti, pero a nosotros nos parece que utilizar la justificación de que las «cáscaras y pieles de frutas, salvados de cereales, orujo de aceitunas, vainas, tallos, pulpas, etcétera […] crean una considerable contaminación del medio ambiente» y de que estos subproductos son «fuentes ricas en fibras dietéticas, funcionales y novedosas» para justificar que con ellos se fabriquen productos incompatibles con la salud es una broma de mal gusto. Un engaño encubierto que cuenta con la permisividad de quienes deberían velar por la salud tanto del planeta como de la población.

Porque no, esos productos no son alimentos, no para nosotros. Si las frutas, las hortalizas, los frutos secos, los tubérculos, los huevos, la carne o el pescado fresco, los cereales, las legumbres y la leche son alimentos, algunos más apropiados que otros, pero alimentos, no puede ser que «bollos, pasteles, pasta, fideos, galletas, helados, batidos de leche, desayunos instantáneos, té helado, jugos, bebidas deportivas, bebida en polvo, productos cárnicos y análogos de la carne, carne sintética, etcétera» reciban el mismo nombre, y aún menos que se los catalogue como «alimentos funcionales», dejando entrever que es mucho más que un simple alimento, algo que te permitirá disfrutar de una vida larga y repleta de salud. Por mucha fibra, minerales, vitaminas o bacterias que puedan contener. Que lo llamen como quieran: productos, procesados, comestibles, superprocesados o superfuncionales, pero que dejen de confundir y jugar con la salud de la población.

Alimento funcional es «aquel que, además de satisfacer las necesidades nutricionales básicas, proporciona beneficios para la salud o reduce el riesgo de sufrir enfermedades». Frutas como la manzana, los kiwis o los plátanos, tubérculos como la patata o los boniatos, semillas, frutos secos, algas y en general todas las frutas, verduras y hortalizas están llenas de fibras prebióticas, de polifenoles y de otros compuestos bioactivos naturales. Respetando la evolución y el conocimiento científico, estos son los alimentos más funcionales que existen. No caigas en la trampa, escoge alimentos de verdad, ¡come comida!

## 5.2. Inteligencia emocional, mucho más que un nombre bonito *(Por Noemí García de Marina, pedagoga terapeuta, educadora emocional y directora de Batega. Laboratori Emocional)*

Para poder mirar adelante, primero debes hacerlo desde dentro.

Hablamos mucho de la alimentación, de cómo esta influye sobre nuestra microbiota intestinal y esta a su vez sobre nuestra salud integral. Cada vez sabemos más y damos mayor importancia al eje intestino-cerebro, al *gut-brain axis*, y, sin embargo, en muchas ocasiones nos olvidamos del *axis*, de las emociones, de los sentimientos. Este capítulo pretende ser una reflexión acerca de cómo hemos sido educados nosotros y cómo hemos crecido y llegado a la edad adulta con esa educación. Y a la vez de cómo educamos a nuestros hijos a raíz de la educación que hemos recibido, y cuál es el impacto que tiene en sus vidas.

Cuando nos planteamos educar, necesariamente debemos reflexionar sobre lo que creemos que es «crecer en un entorno saludable». Porque está claro que queremos siempre lo mejor para nuestros hijos, y si no, recordemos esas frases tan propias de las madres, del tipo: «Yo lo hice por tu bien», «Con lo que he hecho yo por ti», «Con lo que yo te quiero, y me pagas así»… ¿Con qué ánimo se dice todo eso? Con el ánimo de que lo que más quieren unos padres es que sus hijos sean felices. ¡Por supuesto! Sí, lo has adivinado, en todo esto hay mucha ironía.

Seamos sinceros y repitámonos esas frases a nosotros mismos. ¿Cómo nos sienta? Probablemente nos sienta como una patada en la barriga y nos quedamos con un nudo en la garganta sin saber qué decir y sintiendo una imperiosa culpabilidad e inferioridad. Si es así, tal vez ese entorno no sea tan saludable como pensabas, ¿no crees? Esas frases y otras muchas por el estilo nos han ido acompañando a lo largo de nuestros días, nos han impactado primero a nosotros de pequeños, y ahora impactan a los que nos siguen.

A lo largo de la vida vas cargando una mochila hasta que llega el día en que tomas conciencia de que ahí no cabe nada más y que debe ir vaciándose para no reventar. Tú que nos estás leyendo ahora quiero que te la quites un momento. Pero no te preocupes, solamente durante este capítulo. ¿Más descansado? Ábrela y dinos: ¿cuánto llevas de esto?: creencias, prejuicios, etiquetas que te han puesto y que has puesto, tal vez tengas algo de: «Es que, pobre, no se le dan bien los números», «Él es muy responsable, su hermano se lo toma todo mejor», «Haciéndolo así no llegarás nunca a ninguna parte», «Lo ves, ya te lo decía yo…».

Si quieres, al acabar el capítulo puedes volver a ponértela. Por ahora, déjala ahí, a tu lado, entreabierta.

### *¿Inteligencia emocional?*

Hoy en día está en boca de todos. Ahora casi todo, cuando no todo, es emocional y sentimental. Por todas partes leemos sobre inteligencia emocional, leemos miles de *posts* de blogueros que te ofrecen «las diez frases que nunca debes decirles a tus hijos», vemos vídeos que nos emocionan y nos hacen llorar, fotos con grandes frases de vida que quedan muy bonitas y que compartimos en las redes sociales, etcétera.

Con todo lo que se ha escrito hasta ahora, podríamos decir que el concepto de inteligencia emocional está formado por tres vértebras:

- Agrupa el conjunto de habilidades que permiten apreciar y expresar nuestras propias emociones, es decir, podemos identificar y manifestar qué nos pasa.
- Nos permite entender las emociones de los demás, es decir, reconocer y sentir lo que sienten los demás. Es lo que llamamos empatía, y que más adelante explicaremos qué es y cuándo aparece.
- Y los resultados de los dos puntos anteriores tendrán un impacto u otro en nuestra forma de pensar y de comportarnos. En otras palabras, la gestión de lo que hayamos reconocido que sentimos, de lo que expresemos en ese momento y de lo que percibamos e interpretemos que sienten los demás influirá en mayor o menor medida en el éxito o no en la vida, y en la mejor o peor resolución de los conflictos.

## La astucia de la inteligencia emocional

«Que la civilización pueda sobrevivir o no depende en verdad de nuestra manera de sentir. Es decir, depende de lo que queramos las personas.»

BERTRAND RUSSELL
(*The New York Times Magazine*, 1950)

Para sobrevivir, los seres vivos necesitan adaptarse al medio. Así que el mejor adaptado sobrevive. Pero no todas las especies se adaptan de la misma manera. Un pez fuera del agua no podría sobrevivir, ¿verdad? No tendría capacidad de adaptación si no es en su entorno.

El ser humano se fue adaptando y evolucionando tan rápido que hemos pasado de hacer fuego a tener en la mayoría de las casas una colección de teléfonos móviles, un ordenador portátil por persona, y a tener la creencia de que sin internet no existimos. Y lanzamos esta pregunta: si aún no estamos adaptados al gluten, ¿cómo vamos a estarlo al WhatsApp?

«¡Tonto el último!» gritamos ya desde pequeños. Como hemos explicado antes, a lo largo de los siglos hemos ido heredando una forma de vida centrada en conseguir sobrevivir y que sobrevivan los nuestros, nuestra tribu, y nos importa poco o nada aquello que nos envuelve, ya sean objetos o personas, educados como estamos en el egoísmo para llegar, en unos casos para ser los primeros, y en otros, simplemente, para poder llegar.

Aprendemos a sobrevivir no importándonos cómo se sienta el prójimo, siempre y cuando nosotros estemos bien, claro. Así, y dicho de este modo, parecería que la primera vértebra de la inteligencia emocional de la que hablábamos antes, identificar nuestras emociones, la tendríamos asimilada y superada. Pero ¿qué pasa con las demás?

Vayamos por partes: «Expresar las emociones y reconocer las de los demás». Estas, culturalmente, nunca han sido bien vistas. Se nos ha inculcado que lo que marca la diferencia entre especies es que el ser humano es racional. Por tanto, nada de llorar, y menos los chicos (decían). ¡Vamos con la razón por delante, sí, señor!

Y, para terminar, la tercera y última vértebra: «Nuestro guion de vida». ¿Cómo vamos a ir bien por la vida y a saber gestionar nuestro día a día si la base no se aguanta por ningún lado? Es como cuando ibas al colegio y estaba el típico niño que sacaba todo excelentes y tú pensabas: «Ojalá fuera como él». Piensa: ¿la mayoría es feliz?, ¿trabaja en lo que ama?, ¿qué cargo tiene? Muchas veces con la inteligencia racional no basta.

### La paradoja de la inteligencia: cuando el tonto es listo y el inteligente es tonto

Como seguramente ya sabes, muchos son los autores que han escrito sobre esto, y fue el gran Daniel Goleman en su libro *Inteligencia emocional* el que popularizó el concepto y abrió la veda.

Nuestro gran logro llegará el día en que reconocer, entender y expresar las emociones, así como ser capaces de coger realmente las riendas de nuestra vida, no solamente sean palabras bonitas que aparecen por internet, sino hechos absolutamente normalizados y arraigados.

Te invitamos a que escribas en el buscador de Google «inteligencia emocional». Increíble, aparecen ni más ni menos que 4.200.000 resultados (fecha de la consulta: 21 de julio de 2015). Casi nada. Encontramos como primeras páginas anuncios de este tipo: «Quince señales de que posees inteligencia emocional», «Test de inteligencia emocional», etcétera.

¿Dónde vamos a ir a parar? ¿Quince señales de que posees inteligencia emocional? Y nosotros nos preguntamos: ¿y por qué quince y no dos, diez o veinte? ¿Test de inteligencia emocional? Sí, vale, la inteligencia se mide… Paul Broca y *sir* Francis Galton fueron de los primeros científicos que pensaron en medirla. Creían que podrían determinar la inteligencia midiendo el tamaño del cráneo de los humanos, así, cuanto mayor era el cráneo, más inteligente era la persona.

¿Y qué decir del primer test de inteligencia? Este fue elaborado por Alfred Binet y Theodore Simon. Ellos confeccionaron una prueba que permitía distinguir a los niños con retraso mental de los niños con inteligencia normal, pero vagos.

Entonces, ¿las emociones son inteligentes y se miden? ¿Eres más inteligente por el resultado de un test? Aquí solo hay una respuesta correcta posible: F-A-L-S-O. Ni un test de inteligencia convencional puede medir tu capacidad intelectual ni un test de inteligencia emocional puede medir tu gestión emocional.

¿Quién no ha hecho un test para medir el coeficiente intelectual en el colegio? Hay que decir que son muchos los factores que influyen ese día en el resultado. ¿Lo has pensado? Por ejemplo: dormiste bien o no, los nervios (que siempre juegan malas pasadas), quizás ese día desayunaste leche con madalenas (un buen chute de azúcar con su ineludible bajón posterior) o quizá saliste enfadado de casa porque acababas de discutir con tu hermano. Resulta asombroso que frente a los cientos o miles de factores que influyen sobre ti ese día, para esos minutos que dura la prueba solo exista un resultado, y que este pueda condicionarte durante toda la vida. Y esos factores harán entonces que seas durante mucho tiempo, cuando no toda la vida, considerado como el tonto que no llega, el normalillo del montón o el inteligente con altas capacidades.

También ahora aparecen pruebas que miden la inteligencia emocional y a las que tienes que dar respuesta, por ejemplo, con enunciados de este tipo:

- No me afectan fácilmente los acontecimientos.
- Mantengo la calma durante situaciones de emergencia.
- Siento la alegría de los demás.
- Me cuesta demostrar a los demás que estoy furioso con ellos.
- A menudo ignoro mis sentimientos.
- Lloro de emoción con facilidad.
- Hago caso a mis sentimientos cuando voy a tomar una decisión importante.
- Raramente muestro mi enfado.
  Entre otras…

Cuidado cuando respondas a ese tipo de preguntas, más aún si lo hacen tus hijos. Un sí o un no puede condicionar enormemente el resto de sus días. Dicen los expertos que estos tipos de test evalúan si eres capaz o no de identificar tus propias emociones (autoconocimiento emocional), controlar o regular tú mismo las emociones, analizar si tienes o no autoestima, si eres capaz de reconocer las emociones ajenas y, por último, si posees o no habilidades sociales, asertividad y si eres capaz de resolver conflictos con éxito.

Y volvemos a preguntarnos: ¿será posible que un simple test y un resultado pueda determinarnos (y condicionarnos) tanto y para toda la vida nuestra manera de ser? Pues sí.

Tomemos como ejemplo el primer enunciado citado antes: «No me afectan fácilmente los acontecimientos». ¿Qué es «fácilmente»? ¿Qué tipo de acontecimientos? ¿Familiares? ¿Escolares? ¿Laborales? ¿Y si me afectan más unos que otros? ¿Si lloro significa que me afectan? ¿Si no los expreso significa que no me afectan tanto?

De verdad, prestemos atención realmente a lo que importa y a lo que vale la pena, por favor.

### ¿Y entonces, esto de la educación emocional?

Como ya hemos explicado antes, estamos hoy aquí gracias a nuestras emociones, ya que sin ellas y sin, por ejemplo, sentir miedo al ver al león persiguiéndonos no habríamos sobrevivido.

Pero ¿y esto de la educación emocional qué es? Dicen que surgió en un primer momento para cubrir la falta de «emoción» en las aulas. Ahora ya es noticia cuando algún colegio imparte la asignatura de educación emocional y hasta sale por la tele. Pero entonces, ¿solo es una asignatura? ¿Y qué pasa con las demás materias? ¿El profesor de matemáticas es capaz de gestionar emocionalmente conflictos que puedan suceder en su aula, por ejemplo? Desgraciadamente, a día de hoy, la mayoría de las situaciones incómodas que surgen en las aulas todavía se resuelven con un: ¡Fulanito, fuera de clase! Digo la mayoría, porque, por ejemplo, se llevan a cabo cada vez más asambleas donde se tratan situaciones en que los alumnos se han visto de un modo u otro perjudicados o dañados.

Debemos, pues, ampliar esta visión y promover una educación emocional no solamente una hora a la semana y en el colegio, sino todo el día y a lo largo de la vida de las personas, desde los niños hasta los ancianos, pasando por los adolescentes y los adultos. Los niños necesitan recursos para que ellos mismos tengan estrategias de gestión emocional en su día a día. Y los adultos somos los únicos responsables de transmitirles esos recursos y proporcionarles vocabulario emocional para saber expresar y comprender lo que ocurre. Necesitamos que el desarrollo emocional se expanda por todos y cada uno de los escenarios donde el niño crece. Fundamentalmente en casa. Solamente así, el niño (futuro adulto) tendrá no solamente educación emocional, sino habilidades para la vida.

¿Y cómo hacerlo? Para poder educar emocionalmente, debemos primero educar nuestras propias emociones.

Papás y mamás, vivid vuestras propias emociones, observadlas y conocedlas a fondo, integradlas y hacedlas vuestras y de nadie más, y con estos primeros pasos será mucho más fácil conocer partiendo de cero a la personita que tenéis delante, con un esquema emocional totalmente único y distinto al vuestro.

## Entorno saludable

Ya en la barriga el feto siente. Siente la alegría y la tristeza de su mamá. Siente sus preocupaciones y su estrés. Y siente y percibe todo lo que está a su alrededor gracias a la mirada de su mamá. Tal como ella viva e interprete el mundo será como lo vivirá y lo interpretará el futuro bebé, y futuro adulto.

Poder averiguar si el entorno del niño es saludable implica preguntarnos cómo se ha alimentado mamá durante los nueve meses de gestación, si una vez ha nacido el bebé ha habido lactancia materna o no, cuál es la composición de su microbiota intestinal y, en general, preguntarnos acerca de todas las claves maestras que se recogen en este libro. Pero también es fundamental que dentro de este abanico exista una buena educación emocional. Una cosa lleva a la otra. Si tenemos un entorno saludable y, en consecuencia, una buena salud, inevitablemente tendremos más facilidad para poder gestionar nuestras emociones, ya que el impacto de las emociones tiene un efecto proporcional en nuestra salud y viceversa.

Las emociones y los sentimientos en estos primeros meses de vida desempeñan un papel fundamental. Y dependerá del entorno de mamá que el bebé tenga una mejor o peor gestión emocional.

Entorno saludable implica necesariamente que tres piezas fundamentales encajen a la perfección: la primera, coherencia emocional, la segunda, la sombra del niño, y la tercera, la mirada del niño.

### 1ª PIEZA: COHERENCIA EMOCIONAL

Nos educan y educamos para ser correctos, para hablar con educación y respeto, para no elevar el tono de voz más de lo imprescindible y necesario, para dar las gracias, para pedir con el «por favor» delante, para poner buena cara al mal tiempo, para que pensemos que no hay mal que por bien no venga, y para otras muchas otras posturas y composturas que en principio nos venden ya desde pequeños como la clave para una buena aceptación social. Bien, eso está muy bien, menos cuando no lo está.

Dicen que Aristóteles dijo: «Cualquiera puede enfadarse, eso es algo muy sencillo, pero enfadarse con la persona adecuada, en el grado exacto, en el momento oportuno, con el propósito justo y del modo correcto eso ciertamente no resulta tan sencillo».

Tenemos la creencia ya desde pequeños que papá y mamá no lloran nunca, no se enfadan con nadie (o al menos no de una manera exagerada o desproporcionada) y que guardan la compostura en todo tipo de situaciones. Nos educan (y educamos a nuestros hijos) para seguir los mismos pasos del adulto, o para que sean distintos (si no tuvieron éxito), pensando que será lo mejor. En definitiva, para ser su yo mejorado.

Pero ¿quién nos educa para enseñar los dientes cuando hace falta? ¿Para que la rabia y el enfado también hagan que cojamos impulso para seguir adelante y hacernos valer? ¿Para saber que la tristeza también es necesaria para aprender? ¿Quién nos da permiso para conocer y sacar partido de las decepciones que nos da la vida? ¿Quién nos enseña a querernos tal como somos y no a ser los mejores de los mejores? ¿Quién nos enseña a ser coherentes con lo que sentimos? ¿O a tener miedo?

Un ejercicio: piensa en cuántas veces escuchas: «No llores». En la entrada del colegio, porque el niño no quiere entrar, oímos: «No llores». En el parque, después de que una niña se haya hecho daño en las rodillas al caerse del columpio, oímos: «No llores». En la cocina, cuando mamá no puede más y ella misma argumenta: «No me pasa nada, no estoy llorando. Anda, vete a jugar», y muchas otras situaciones en las que, si nos paramos a pensar, decir «no llores» pierde todo su sentido.

¿Acaso no tiene que llorar un niño que quiere quedarse en casa porque en el colegio no tiene con quién jugar? ¿No tiene que llorar una niña que se ha caído y se ha hecho daño? Y esa mamá que no puede más y estalla en llanto, ¿es acaso menos mamá por ello?

Coherencia emocional = permiso para sentir + permiso para expresar

Quiero contarte una anécdota. En uno de nuestros talleres de educación emocional en grupo que hacemos con niños y niñas de dos años en escuelas infantiles, el primer día identificamos emociones a través de fotografías, dibujos, caricaturas, etcétera. Son imágenes de niños como ellos llorando, riendo, con mucho miedo, asustados, un poco enfadados o muy enfadados.

En la mayoría de las escuelas infantiles, cuando trabajamos dividen los grupos o las clases en función de la fecha de nacimiento de los pequeños. Teníamos dos grupos: uno formado por niños y niñas nacidos de enero a junio y el otro con niños y niñas nacidos entre los meses de junio y diciembre.

Durante la segunda parte del taller cada uno debía imitar la emoción en concreto. Esto lo hacemos así porque es muy importante que primero sepan identificar lo que sienten para luego poder avanzar un poquito más.

Pues bien, con el grupo de los niños y niñas de dos años más mayores pasó esto:

—Vamos, 1, 2 y 3. Ahora estamooos… ¡TRISTES!

—¡Nooo…! ¡No queremos estar tristes!

—Hum… Bueno, pues 1, 2 y 3, ahora tenemos… ¡MIEDO!

¿Cuál fue la respuesta? La misma.

—¡No, no, no tenemos miedo! Somos muy valientes y nunca tenemos miedo. ¡Ya somos mayores y ni lloramos ni tenemos miedo!

¿Lo más curioso? Que los más pequeños imitaron ¡todas las emociones! Incluso sabían identificar cuándo tenían miedo, y unos explicaban: «Yo tengo miedo a la oscuridad», y otros, «Yo a dormir solo».

Con solo dos años ya piensan que llorar no está bien y que no hay que tener miedo. Pregúntate: ¿crees que los adultos tenemos algo que ver en todo esto?

¿Quién es el valiente que nunca tiene miedo? O que levante la mano quien nunca llore. Lo que ven nuestros hijos, o lo que hemos visto nosotros cuando éramos pequeños, es lo que se repite, se aprende y se vuelve a repetir.

Todos querríamos sentirnos siempre alegres y que nuestros hijos también estén contentos. Pero, seamos realistas, sabemos que eso no siempre es posible.

Culturalmente, el hecho de no mostrar nuestras emociones nos persigue. Expliquemos por qué mamá está triste o por qué papá está nervioso y malhumorado cuando llega a casa y da un portazo. Solamente así daremos sentido a nuestra tristeza y a la rabia y, lo que es más importante, se la daremos a los que nos rodean, ya que encontrarán también un sentido a nuestro estado de ánimo y a lo que a ellos les genera.

Poder llegar a ser coherente emocionalmente choca de frente contra la famosa empatía, y ahora verás por qué.

La empatía es la capacidad para ponerse en el lugar del otro y saber (e incluso poder llegar a sentir) lo que siente. Todos nacemos con empatía y todos tenemos la capacidad de «ponernos los zapatos del otro».

Y coherencia emocional y empatía están íntimamente relacionadas porque cuanta más coherencia emocional haya habido en casa y en el entorno del niño, más capacidad de poder entender qué sienten las personas tendrá. Por tanto, mayor capacidad empática tendrá de adulto.

Mayor coherencia emocional = mayor empatía

Así será fácil que el niño y futuro adulto pueda manejar con normalidad este tipo de pensamientos: «Acepto y comprendo que estés de esta manera y por ello soy capaz de flexibilizar mis emociones más primarias y dibujar un nuevo escenario» o «Respeto que te sientas de este modo, y respeto cómo me siento yo». Y que deje a un lado discursos hoy en día tan generalizados como: «Qué absurdo es que esté actuando de este modo».

Actualmente, si pensamos, por ejemplo, en una discusión entre amigos o compañeros, es fácil escuchar comentarios como: «No hace falta que te pongas así», o situaciones donde madres les dicen a sus hijos, «¿Aún estás con estas cosas? Creía que esto ya estaba hablado y solucionado», o padres que les dicen a sus hijos: «La vida es esto, debes ser más fuerte», e incluso hijos que dicen a sus padres: «Tampoco es para ponerse así», o fuera de casa, en el colegio, cuando los profesores aleccionan a sus alumnos con un «No me importa lo que vayas a explicarme, ya puedes salir de clase ahora mismo».

Nos gustaría mencionar al profesor Mehrabian. Él investigó y evaluó la coherencia y la incoherencia de los diálogos entre las personas y comprobó que si intervienen los elementos verbal, oral y visual juntos se produce una mejor comunicación. En su trabajo analizó estos elementos y concluyó que, en un mensaje, el aspecto verbal solamente ocupa un 7 % de la información que se transmite, el oral (el tono de voz y la entonación), un 38 %, y el visual (contacto visual, mirada, gestos, aspecto de la persona, etcétera), un 55 %.

Así pues, si verbalmente afirma: «No me pasa nada» (7 %), con un tono triste o enfadado (38 %), con los ojos llenos de lágrimas o con la mirada enfurecida (55 %), ¿de verdad crees que no le pasa nada?

Si aprendemos a identificar, gestionar y regular nuestras emociones con coherencia, ayudaremos también a los que nos rodean a que comprendan nuestro estado, nuestros comportamientos y nuestras actitudes. Al fin y al cabo, aprenderemos a ser más inteligentes emocionalmente. ¡Pruébalo!

## 2ª PIEZA: LA SOMBRA DEL NIÑO

Ahora ya sabemos que una buena salud emocional implica muchos factores. Cuando un niño viene a nuestra consulta, no solamente centramos la mirada en lo que nos muestra, sino más bien en lo que lleva con él, en lo que proyecta y no le pertenece, en la llamada «sombra del niño».

La familia es la primera escuela de aprendizaje emocional de nuestros hijos. En casa es donde nuestros hijos aprenden a vivir. Tenemos una gran responsabilidad porque crecen siguiendo modelos idénticos o muy similares a los nuestros. Los adultos los acompañamos en su proceso de crecimiento, sobre todo a lo largo de su infancia y adolescencia, y tenemos la gran oportunidad de construir unos pilares saludables que los sostengan cuando sean adultos. Desarrollar su capacidad de empatía con las personas que los rodean, salirse fortalecidos de experiencias traumáticas, fomentar estrategias de resolución de conflictos en el entorno escolar, entre otras, son herramientas indispensables para seguir adelante. De muy pequeñitos, una de las estrategias que se inicia de un modo innato y que arranca como consecuencia del vínculo que se mantiene en los primeros años de vida es poner palabras a sus estados emocionales. Pensemos, por ejemplo, en un niño de uno o dos años que sale llorando de la guardería, y reaccionamos diciendo: «Lloras porque estás cansado» o «Lloras porque tienes hambre». Por supuesto, ellos no tienen suficiente vocabulario para explicarnos que les pasa esto o lo otro. Hasta cierta edad la intervención del adulto en estas ocasiones es acertada y necesaria para que ellos se conozcan y seleccionen lo que realmente sienten, pero también es importante no intervenir cuando nuestros hijos saben identificar perfectamente qué les pasa o qué sienten en ese preciso momento, porque si lo hiciéramos, entrarían en un estado de confusión emocional.

Como padres tenemos la obligación de conocerlos, de saber cómo son realmente y no cómo nos gustaría que fueran, y esto solo se consigue educándonos también a nosotros mismos. Observándolos y escuchándolos también crecemos nosotros. Todos vamos en el mismo barco y tenemos trabajo que hacer para que este no se hunda. A medida que va-

Ilustración de Matías Acosta

mos creciendo nosotros como padres, y vamos descubriendo cómo actúan ellos en casa, o cómo lo hacen delante de amigos o en la escuela, se nos abren buenas oportunidades para mirar dentro de nosotros y darnos cuenta de lo que llevamos como padres (de nuestras mochilas) y de lo que proyectamos en ellos, de sus sombras.

Inevitablemente, todo lo que hemos vivido en nuestra infancia, adolescencia, juventud y edad adulta y no ha quedado resuelto repercute en nuestros hijos, y hará que ellos actúen de una determinada manera según nuestras proyecciones hacia ellos.

El impacto de esta proyección es consecuencia directa de la siguiente premisa: todo forma parte de un sistema, es decir, de un conjunto de elementos que interactúan entre ellos y de manera conjunta con el entorno. Cada elemento se puede estudiar de forma individual o independiente, pero solo adquiere significado en la medida en que es considerado parte integrante de un todo. Y la familia es el sistema más importante de nuestros hijos.

Cada núcleo familiar está formado por un conjunto de personas y como sistema se rige por patrones innatos. Cada miembro actúa de manera inconsciente y con unos roles establecidos previamente por las experiencias que vamos viviendo. Por ejemplo, la tendencia de una madre viuda a proyectar sobre uno de sus hijos sus miedos a quedarse sola hará que este niño crezca bajo la atmósfera emocional de su madre y lo proyecte en forma de miedo en todos sus escenarios: con una falta de atención en la escuela, con pocas amistades, insatisfacción personal, tristeza, etcétera. Y, en definitiva, seguirá un patrón innato que lo hará actuar siempre de la misma manera, porque cada familia construye una conciencia formada por los hechos significativos que han ido pasando, creencias, valores y modos de hacer y de posicionarse.

Cada casa tiene unas normas de funcionamiento que afectan a todos los miembros de la familia, sea de manera consciente o inconsciente. Y el cambio en uno de los miembros afecta a todos los demás, ya que están interconectados. En el caso de la madre viuda, cuando su marido muere, todo el sistema se resitúa con el único fin de que los miembros restantes sobrevivan. Los hijos y la madre siguen interconectados, pero se ha tenido que reestructurar de nuevo el sistema.

La madre, en este caso, para no proyectar su sombra a sus hijos debe ser muy consciente del rol y la posición que tiene cada uno, porque, si no es así, inevitablemente se originarán conflictos y discusiones que incluso pueden manifestarse como patologías individuales, y que su hijo, por ejemplo, sea diagnosticado con un trastorno por déficit de atención.

La sombra del niño implica la manifestación de esta información heredada mayoritariamente por nosotros, los padres, se nutre del sistema familiar y podemos encontrarla en el inconsciente de nuestros hijos.

El objetivo primordial de nuestros hijos cuando nacen es sentirse aceptados por su nueva familia, pertenecer al sistema, y saben muy bien cómo hacerlo. Su prioridad es que sus padres estén contentos con ellos. Si mamá o papá están bien, todo va bien, pero si esto se desequilibra, inmediatamente nace la culpa y el malestar de los pequeños. Y si a medida que se van haciendo mayores aprenden a actuar igual, es decir, pendientes de que nosotros no nos enfademos con ellos, es cuando entrará en juego la lealtad y la traición (indicio de que algo estamos proyectando sobre ellos).

Si somos capaces de ocupar el lugar que nos corresponde en nuestro sistema familiar y permitimos desarrollar el proyecto de vida de nuestros hijos de manera libre, difícilmente estaremos proyectando sombras. Supongamos que nuestro hijo único adolescente quiere irse de Erasmus a Italia el próximo mes. Ha sido un año duro porque recientemente tu matrimonio se ha roto, pero tienes la suerte de que él te hace compañía cada día. Si tu hijo se siente libre y ocupa el lugar adecuado en el sistema familiar, podrá construir con seguridad y confianza su futuro y pensará: «Irme a Italia es una muy buena oportunidad para mí, sé que podré explicarle mis razones a mi madre, y aunque ella no esté de acuerdo con que me vaya, me respetará y no me privará de su amor».

Si, por el contrario, no entiendes que tu hijo debe crecer, cambiar, evolucionar y desvincularse, este creerá: «Si no hago lo que mi madre desea, no me hablará, estará enfadada conmigo, dolida, decepcionada... Por tanto, será mejor que haga lo que me dice y así mi amor quedará protegido».

*Dibuja a tu familia.* Esta es una técnica que se utiliza normalmente con los niños, pero es un ejercicio muy útil también para que los adultos conozcan su sistema familiar y cómo se posiciona cada miembro, para que así le resulte más fácil identificar qué puede estar proyectando a sus hijos.

Coge un papel en blanco, un lápiz y una goma y dibuja a tu familia de origen.

Una vez que hayas terminado tu dibujo, piensa que este habla por sí solo y te da muchísima información. Presta atención a la colocación de los miembros de la familia, el grado de separación entre unos y otros, a cuál has dibujado primero, dónde están situados, si están por orden de edad de izquierda a derecha, padre, madre, hermanos, etcétera.

*Jugamos con muñecos.* Coloca encima de la mesa unos muñequitos (tipo Playmobil). Ten en cuenta que debe haber tantos como miembros de la familia. Identifícalos: tú, tu pareja, tus hijos, y también tus padres y los padres de tu pareja (abuelos). Y ahora quiero que cuando te haga las dos preguntas de más abajo, los coloques como crees que están posicionados en la vida real. Tómate tu tiempo para colocarlos como mejor consideres y luego observa qué ves y cómo te sientes, y anótalo en un papel. Primera pregunta: «¿Hacia dónde miran tus hijos?». Y ahora, sin mover los muñequitos, quiero que me respondas a la segunda pregunta: «¿Hacia dónde miráis vosotros?».

Un crecimiento sano y maduro implica haber recibido amor en su justa medida y en su preciso momento. Debemos hacer eso mismo con nuestros hijos, sin olvidarnos nunca de respetar su propia identidad.

### 3ª PIEZA: LA MIRADA DEL NIÑO

Imagina una tormenta y, en el suelo, una flor. A un lado unos padres pensando en la terrible amenaza que supone la tormenta para la flor, ya que acabará muriendo ahogada y, al otro, a su hijo que observa con alegría la tormenta que se acerca, pues traerá agua para la sedienta y marchitada flor, y le permitirá vivir.

Moralejas varias: primero, ponte a su altura y en su lugar, solo así podrás entender su mirada; no interrumpas su imaginación, él ve que con la lluvia la flor se pondrá bella y hermosa; él es un niño y tú también llevas uno dentro, recupéralo; déjalo vivir su propia experiencia, no tiene por qué ser la misma que viviste tú, no tiene por qué ser peor, déjate sorprender, y entre otras frasecillas elimina el «ya te lo dije»

Ilustración de Matías Acosta

de tu discurso, porque de lo contrario quizás eso se vuelva algún día en tu contra.

¡Ya!, ¿cómo te sientes ahora? ¿Cuál es tu entorno? ¿Apareció alguna sombra por ahí? Vuelve a cerrar esa mochila entreabierta y póntela (si quieres). Ya hemos acabado. ;)

# 25 RECETAS IDEALES
# PARA LA MICROBIOTA INTESTINAL

*Por Montse Vallory*

Diplomada en Biblioteconomía y Documentación por la Universidad de Barcelona, Montse Vallory es chef graduada en el prestigioso Natural Gourmet Institute for Health and Culinary Arts de Nueva York y profesora de cocina natural especializada en cocina terapéutica según los criterios de la dietética oriental.

Su cocina se basa en alimentos naturales y completos, ecológicos, de proximidad y de la estación; es decir, comida real, sin complicarse.

## Desayunos, meriendas y antojos

Esta selección de recetas, adecuadas tanto para niños como para embarazadas y adultos, es una muestra de la traducción culinaria que se puede aplicar a las recomendaciones del apartado sobre fibra fermentable, donde se especifica qué alimentos reales la contienen y qué transformación culinaria conviene realizar para que se conviertan en el manjar favorito de la microbiota intestinal.

## RECETA BASE PARA CREMAS Y PURÉS DE VERDURAS

- Variedad de hortalizas lavadas y troceadas
- Alga kombu o wakame (5 x 5 cm de hoja o ⅛ de cucharadita de alga en polvo)
- Caldo o agua
- Aceite de oliva virgen extra y sal fina no refinada o agua de mar

1. Saltear las cebollas y el alga en una olla con un poquito de aceite, un chorrito de agua y una pizca de sal, hasta que empiecen a pocharse. Cocer 10 minutos con un fondo de agua.
2. Añadir las verduras y agua que tan solo las cubra. Tapar y cocer a fuego suave 10-15 minutos.
3. Retirar el alga kombu si está dura y triturar, añadiendo agua o caldo, según la consistencia deseada. Condimentar y poner al punto de sal con agua de mar o vinagre de *umeboshi*.
4. Servir acompañado de algo crujiente que haya que masticar, como un puñadito de frutos secos tostados o semillas de calabaza tostadas.

**Recomendaciones**

- Corta en rodajas finas las verduras de fibra larga como el hinojo.
- Hierve previamente las espinacas, acelgas o remolacha y desecha el agua de cocción.
- Añade copos de avena durante los 5 minutos finales de cocción, excepto si lleva tubérculos (patata, boniato, etcétera).
- Añade perlas de tapioca eco (sémola de yuca precocida).
- Condimenta con: zumo de limón o jugo de jengibre (rallado y exprimido), levadura nutricional, cúrcuma con un toque de pimienta negra o cardamomo molido.

**Ideas de combinación de verduras**

- Cebolla o puerro, nabo, zanahoria, calabaza o boniato y alga kombu o wakame.
- Cebolla o puerro, nabo, patata, calabacín y alga kombu o wakame.
- Cebolla o puerro, colinabo, chirivía, zanahoria y alga kombu o wakame.

## CREMA FLUIDIFICANTE DE RAÍCES Y ALGA COCHAYUYO

- 1 litro de agua o caldo
- 2 cebollas en media luna
- 2 nabos troceados
- 2 zanahorias en rodajas
- 2 boniatos pelados y troceados
- ½ vaso de alga cochayuyo remojada en 1 vaso de agua
- Aceite de oliva virgen extra o de coco virgen
- Un chorrito de jugo de jengibre rallado y exprimido
- Sal no refinada fina o agua de mar

1. Saltear las cebollas con un poquito de aceite y sal, añadiendo un chorrito de agua para que se vayan pochando sin quemar el aceite.
2. Cuando empiecen a pocharse, incorporar el cochayuyo con el agua de remojo, las raíces y una pizca de sal. Cubrir con agua y llevar a ebullición. Cocer a fuego suave y tapado 15-20 minutos.
3. Fuera del fuego, añadir el jengibre, poner a punto de sal con agua de mar y triturar añadiendo agua o caldo, según la consistencia deseada. Aliñar con un chorrito de aceite virgen extra prensado en frío.
4. Servir acompañado de algo crujiente que haya que masticar, como un puñadito de frutos secos tostados o semillas de calabaza tostadas.

## CREMA SUAVE DE TAPIOCA

- 1 litro de caldo
- 4-6 cucharadas de tapioca ecológica (sémola de yuca)
- ½ limón eco, la ralladura y su zumo
- Sal no refinada o agua de mar

1. Llevar a ebullición el caldo y espolvorear la tapioca en forma de lluvia.
2. Hervir con un poco de sal hasta que los granos de sémola se vuelvan perlas translúcidas.
3. Para obtener el almidón resistente: enfriar y refrigerar a 4-5 ºC.
4. Recalentar a menos de 170 ºC para mantener el almidón resistente y servir aliñado con limón.

## POTAJE DE AVENA ENTERA CON VERDURAS DE MAR Y DE TIERRA

- 1 puerro troceado
- 2 zanahorias en dados
- 1 colinabo pelado y en dados
- 1 puñado de hoja verde: rúcula, berros...
- Sal no refinada fina y aceite de oliva virgen extra

**Para la cocción de la avena**
- 125 ml (½ vaso) de avena integral en grano entero
- 1 litro de agua o caldo
- Alga kombu o wakame (5 x 5 cm de hoja o ⅛ de cucharadita de alga en polvo)
- 1 hoja de laurel y sal no refinada

1. Activar la avena: remojar 12 horas en abundante agua tibia y un chorrito de vinagre. Escurrir y enjuagar.
2. Pasar la avena a la olla a presión con el alga y el litro de agua o caldo y sal. Tapar, llevar a ebullición y cocer a presión suave 45 minutos o hasta que el grano se abra.
3. Incorporar el puerro, las zanahorias y el colinabo, un poco de sal y remover. Cocer tapado, sin presión y a fuego suave 10 minutos.
4. Fuera del fuego, añadir la hoja verde picada, poner al punto de sal con agua de mar o vinagre de *umeboshi* y aliñar con aceite prensado en frío.

## PLATOS PRINCIPALES, ACOMPAÑAMIENTOS Y SALSAS

### SEPIA GUISADA CON VERDURAS

- 500 g de sepia con piel y troceada (lavada con agua de mar)
- Alga kombu o wakame (5 x 5 cm de hoja o ⅛ de cucharadita de alga en polvo)
- 3 cebollas tiernas en rodajas, incluyendo la parte verde
- 2 zanahorias en medias rodajas
- 1 bulbo de hinojo laminado
- 1 ajo pequeño laminado (opcional)
- Aceite de oliva virgen extra, sal no refinada fina y agua de mar

1. Colocar la sepia troceada en una cazuela fría y aliñar con aceite. Tapar y cocer a fuego suave en su propio jugo unos 20 minutos o hasta que el líquido se evapore y quede tierna.
2. Incorporar las verduras, remover y cocer 5 minutos a fuego suave.
3. Poner al punto de sal con agua de mar y decorar con las hojitas verdes del hinojo fresco.

La base de sepia cocida en su jugo se conserva bien en la nevera 2 o 3 días y se puede incorporar a diferentes preparaciones. En la pescadería pide la sepia troceada con la piel porque resulta más tierna y nutritiva. La congelación también ablanda su fibra, así que no dudes en comprar para varias comidas.

## SARDINAS ENCEBOLLADAS CON BONIATO REFRIGERADO

- 8 sardinas pequeñas limpias, sin escamas, ni cabeza ni tripas
- 2 cebollas dulces, en medias lunas finas
- 1 diente de ajo picado (opcional)
- 2 boniatos cocidos al vapor con piel y refrigerados
- ⅛ de cucharadita de kombu en polvo Porto-Muiños
- Aceite de oliva virgen extra y sal no refinada fina
- Cebollino picado

1. Lavar las sardinas con agua de mar fría y refrigerar hasta el momento de cocerlas.
2. En una cazuela ancha con un poco de aceite, saltear la cebolla con sal y un chorrito de agua hasta que empiece a pocharse. Tapar y cocer 10 minutos.
3. Incorporar el ajo, el boniato pelado y troceado, unas cucharadas de agua, espolvorear polvo de kombu, sal y cocer unos 5-10 minutos, hasta que quede bien pochado.
4. Colocar las sardinas sobre las verduras, aliñar con aceite de oliva y cocer tapado a fuego muy suave 3-4 minutos, según el tamaño de las sardinas.
5. Esparcir el cebollino sobre las sardinas y aliñar con aceite de oliva. Comer recién hecho.

Las sardinas quedan más sabrosas si se lavan con agua de mar y se cuecen poco, porque durante el tiempo que pasa hasta que se comen acaban de cocerse al vapor con el calor residual de la cocción y se mantienen así melosas, evitando que se resequen.

## MEJILLONES Y ALGAS SOBRE ENSALADA
## DE PATATA COCIDA Y REFRIGERADA

- 1 brócoli en flores
- 2 zanahorias en rodajas
- 8 patatas cocidas con piel (asadas o al vapor) y refrigeradas a 4-5 ºC
- 500 g de mejillones cocidos al vapor
- 1 puñadito de alga wakame o dulse
- Aceitunas y alcaparras en aceite de oliva virgen extra

1. Pelar y cortar las patatas refrigeradas. Pincelar con aceite para evitar que se sequen y dejar a temperatura ambiente o calentar ligeramente.
2. Cocer el brócoli y la zanahoria al vapor pocos minutos, que queden al dente. Extender sobre un plato plano para que se enfríen y aliñar con aceite.
3. Cubrir el alga con un poco de agua para que se hidrate y su fibra se ablande. Escurrir y cortar.
4. Componer una ensalada con todos los ingredientes y aliñar con una salsa sabrosa.

> Almacena las patatas fuera de la nevera, en una despensa fresca y oscura. Evita las patatas que tengan la piel verde y las grilladas, porque contienen más solanina en estas zonas.

## CALDOSO DE PESCADO BLANCO CON WAKAME Y QUINOA

- 125 ml (½ vaso) de quinoa bien lavada y remojada 4 horas
- 1-2 litros de agua, caldo vegetal o *fumet* de pescado
- 2 cebollas en medias lunas
- 2 zanahorias en rodajas
- ½ bulbo de hinojo troceado
- Alga wakame (5 x 5 cm de hoja o ⅛ de cucharadita de alga en polvo)
- 300 g de pescado blanco salvaje
- Zumo de limón, aceite de oliva virgen extra y sal no refinada fina o agua de mar

1. Saltear las cebollas con un poquito de aceite y sal, añadiendo un chorrito de agua para que se vayan pochando sin quemar el aceite.
2. Enjuagar y escurrir la quinoa remojada y añadir a la olla junto con el resto de las verduras, el alga, la sal y el agua o caldo. Cocer a fuego lento y tapado durante 25 minutos.
3. Trocear el pescado eliminando las espinas, rociar con unas gotas de limón e incorporar a la sopa. Tapar y cocer a fuego bajo durante 3 minutos.
4. Rectificar de sal y de líquido, según la consistencia deseada. Servir con las hojitas verdes del hinojo, un chorrito de limón y aceite prensado en frío.

## GUISO DE POLLO Y RAÍCES

- 4 muslos de pollo macerados con vinagre de manzana y aceite
- 2 cebollas cortadas en cuartos y 4 dientes de ajo partidos de un golpe
- 4 zanahorias en rodajas
- 1 chirivía pelada y en trozos medianos
- 1 bulbo de hinojo en dados grandes
- 2 boniatos enteros con piel, cocidos al vapor y refrigerados

### Condimentos

- Jengibre pelado y rallado
- ½ cucharadita de cúrcuma en polvo con un toque de pimienta recién molida
- 1 cucharada de zumo de limón
- Aceite de oliva virgen extra y sal no refinada fina

1. Pincelar la cazuela con aceite y saltear las cebollas con el ajo, una pizca de sal y un chorrito de agua.
2. Colocar el pollo sobre la cebolla, verter el macerado, salar y cocer 30 minutos a fuego suave y tapado.
3. Incorporar las zanahorias, la chirivía y el hinojo, poner al punto de sal y cocer tapado 5 minutos.
4. Incorporar el boniato pelado y troceado, condimentar con jengibre, cúrcuma y pimienta, remover y dejar a fuego mínimo un par de minutos. Servir aliñado con zumo de limón y acompañado de una buena ensalada o de verdura verde.

## POLLO EXPRÉS CON VERDURAS

- 1 pollo a cuartos, bien desplumado
- 2 cebollas a cuartos y 3 hojas de laurel
- Variedad de raíces troceadas: zanahoria, nabo, chirivía, etcétera
- 4 hojas de col verde rizada
- 4 patatas enteras con piel, cocidas al vapor y refrigeradas
- ½ vaso de agua o caldo
- Sal no refinada fina
- Zumo de limón, cebollino picado y aceite de oliva virgen extra

1. Poner la cebolla y el laurel en la olla exprés con un fondo de agua o caldo y una pizca de sal. Llevar a ebullición destapado mientras se sala el pollo.
2. Colocar el pollo sobre la cebolla y cocer a presión suave 30 minutos.
3. Pelar las patatas cocidas, cortar en cuartos y colocar sobre el pollo, junto con el resto de las raíces. Salar y cubrir con la col para que se cocine al vapor de los jugos obtenidos. Cocer tapado y a fuego medio-suave: 3 minutos a presión, 9 minutos sin presión.
4. Servir con cebollino y aliñar con zumo de limón y aceite prensado en frío.

Una receta fácil y de cocción suave, ideal para niños porque el pollo queda tierno.

## ESTOFADO EXPRÉS DE TERNERA A LA JARDINERA

- 2 cebollas en media luna
- 3 nabos troceados
- 3 zanahorias partidas a lo largo y en rodajas
- 500 g de ternera para guisar
- 250 ml de caldo
- 1 cucharada de vinagre de manzana no pasteurizado
- 4 cucharadas de tapioca ecológica (sémola de yuca)
- Laurel, sal no refinada
- Aceite de oliva virgen extra

1. Saltear la cebolla en una olla exprés con una cucharada de aceite y una pizca de sal, 2-3 minutos. Incorporar el resto de las hortalizas, el laurel, una pizca de sal y saltear 2 minutos más.
2. Incorporar la carne, mezclar con las verduras, verter el caldo y el vinagre. Tapar la olla exprés y cocer a fuego muy muy suave 40 minutos o hasta que la carne esté tierna.
3. Destapar con cuidado, espolvorear la sémola y poner al punto de sal, removiendo. Cocer a fuego suave 10 o 15 minutos, removiendo de vez en cuando para que la tapioca no se pegue. Según se quiera más o menos espeso, destapar unos minutos para evaporar parte del líquido.
4. Aliñar con limón y acompañar de una ración grande de verdura verde y hortalizas.

Esta receta queda sabrosa y la carne tierna sin necesidad de dorar la carne con aceite. Ten en cuenta que la tapioca espesa al enfriar. Al día siguiente añade un poco de caldo para recalentar el estofado, procurando que no alcance los 170 ºC para mantener el almidón retrogradado. Para que la carne quede tierna, mantén el fuego muy suave y evita que hierva fuerte. Este guiso admite otras hortalizas de temporada y tubérculos como el boniato, la patata o el ñame.

## SALTEADO DE PUERRO Y KALE CON SALSA DE LINO

- 1 puerro en rodajas, incluyendo la parte verde turgente
- 1 puñado de hoja de kale (col verde rizada)
- Aceite de coco para saltear
- Semillas de sésamo ligeramente tostadas y molidas

**Para la salsa de lino con cúrcuma y jengibre**

- 250 ml (1 vaso) de agua
- 15 ml (1 cucharada) de semillas de lino dorado
- 15 ml (1 cucharada) de pasta de *umeboshi*
- 5 ml (1 cucharadita) de jugo de jengibre rallado y exprimido
- 5 ml (1 cucharadita) de cúrcuma en polvo y un toque de pimienta negra recién molida
- Aceite de lino o de oliva virgen extra

1. Para elaborar la salsa, mezclar el agua con las semillas de lino en un cazo, llevar a ebullición y hacer una decocción de 3 minutos, a fuego muy suave y tapado. Apagar el fuego y dejar reposar 15 minutos para que genere mucílago.
2. Triturar con el resto de los ingredientes para la salsa, incorporando aceite para que emulsione hasta obtener una consistencia de mayonesa clara, teniendo en cuenta que al refrigerar espesará.

3. Saltear las verduras con aceite de coco y sal con un movimiento constante, ya sea con un par de espátulas o bien con un movimiento de sartén.

4. Añadir 2 cucharadas de agua, tapar y cocer 3 minutos a fuego suave en su propio vapor, que queden al dente. Servir con la salsa de jengibre y las semillas.

Si la col resulta flatulenta, escaldarla previamente en agua salada. En este caso, consumir el agua de cocción, donde habrá quedado parte de la vitamina C de la col. El jengibre de la salsa ayuda a disolver los gases y potencia la digestión. Conservar la salsa refrigerada o protegida de la luz y el calor hasta su consumo.

## ESPAGUETIS DE CALABACÍN CON SALSA SORPRENDENTE DE TOMATE SIN TOMATE

- 500 g de calabacines medianos
- Sésamo ligeramente tostado y molido o levadura nutricional

### Para la salsa de tomate sin tomate
- 2 cebollas en media luna
- 5-6 zanahorias en rodajas
- 1 manzana troceada con piel
- 1 remolacha pequeña hervida y pelada
- ½ cucharadita de orégano seco
- 2 cucharadas de vinagre de *umeboshi*
- Aceite de oliva virgen extra y sal no refinada fina

1. Saltear las cebollas con un poquito de aceite y sal, añadiendo un chorrito de agua para que se vayan pochando sin quemar el aceite.
2. Añadir las zanahorias y la manzana, ½ remolacha, una pizca de sal y agua que cubra la mitad del volumen de las verduras. Tapar y cocer a fuego medio durante 15 minutos.
3. Condimentar con orégano y vinagre de *umeboshi* y triturar bien. Dejar reposar 5 minutos y, si hiciera falta, ajustar el color con un poco más de remolacha y el sabor con más umeboshi, hasta conseguir color y sabor de salsa de tomate.
4. Cortar los calabacines en juliana con un cortador de verduras tipo Spirali.
5. Saltear 1 minuto en una sartén pincelada con aceite, espolvorear sésamo molido y servir inmediatamente con la salsa caliente.

Esta salsa es ideal para sustituir la salsa de tomate. Conviene añadir la remolacha poco a poco para que, al mezclarla con el color naranja de la zanahoria, adquiera un tono rojo anaranjado, como si de tomate natural se tratara. Cocer con poca sal porque el vinagre de *umeboshi* también es salado. Como sustituto del queso se puede espolvorear levadura nutricional porque tiene un sabor parecido y es nutricionalmente recomendable durante el embarazo.

## SALSA DE REMOLACHA, KOMBU Y LIMÓN

- 15 ml (1 cucharada) de chía entera
- 125 ml (½ vaso) de agua filtrada tibia (40 ºC aprox.)
- 1 remolacha cocida
- 15 ml (1 cucharada) de avellanas tostadas
- 15 ml (1 cucharada) de levadura nutricional
- 30 ml (2 cucharadas) de zumo de limón y su ralladura
- 5 ml (1 cucharadita) de pasta de *umeboshi*
- ⅛ de cucharadita de alga kombu micropulverizada
- 3 cucharadas de aceite de oliva virgen extra prensado en frío

1. Remojar la chía con el agua tibia durante unos 15 minutos para que genere mucílago.
2. Triturar con el resto de los ingredientes y conservar protegida de la luz y el calor hasta su consumo.

## MAYONESA DE CHÍA Y LIMÓN

- 125 ml (½ vaso) de agua tibia (40 ºC aprox.)
- 15 ml (1 cucharada) de chía entera
- 15 ml (1 cucharada) de coco rallado
- 30 ml (2 cucharadas) de zumo de limón y su ralladura
- 5 ml (1 cucharadita) de pasta de *umeboshi*
- 5 ml (1 cucharadita) de cúrcuma en polvo o fresca rallada
- 3 vueltas de molinillo con pimienta negra
- 3 cucharadas de aceite de oliva virgen extra prensado en frío

1. Remojar la chía y el coco con el agua tibia durante unos 15 minutos para que se genere mucílago.
2. Triturar con el resto de los ingredientes hasta obtener la consistencia de mayonesa y conservar protegida de la luz y el calor hasta su consumo.

## DESAYUNOS, MERIENDAS Y ANTOJOS

## CREMA DE COPOS DE AVENA CON MANZANA Y HUEVO

- 250 ml (1 vaso) de copos gruesos de avena sin gluten
- 2-3 vasos de agua
- 1 manzana troceada con piel
- 4 huevos, separadas las claras de las yemas (1 yema en cada bol)
- Ralladura de limón ecológico
- 2 pizcas de sal no refinada fina
- ½ cucharadita de canela en polvo
- Frutos secos tostados y coco rallado

1. Mezclar los copos con el agua, la manzana, el limón y la sal en un cazo.
2. Partir cada huevo: verter la clara en los copos y cada yema entera en el bol donde se comerá la crema.
3. Llevar a ebullición y cocer a fuego suave removiendo de vez en cuando durante 4 minutos o hasta que la clara esté cocida.
4. Verter la crema de avena alrededor de la yema reservada, con cuidado de que no se rompa. Espolvorear canela, coco rallado y servir con un puñado de frutos secos tostados.

## CREPS DE SARRACENO EN GRANO ENTERO ACTIVADO

### Para 5-6 creps de 22 cm

- 1 vaso (250 ml) de sarraceno en grano entero y activado
- ½ vaso (125 ml) de agua
- ½ vaso (125 ml) de leche de coco
- 2 pizcas de sal no refinada fina
- Aceite de coco virgen para la sartén

1. Triturar el grano con el agua y la sal hasta obtener una masa homogénea. Añadir la leche de coco y triturar hasta que la masa quede cremosa y homogénea.
2. Refrigerar en la zona más fría de la nevera, mínimo 30 minutos. Si espesara demasiado, rectificar de agua antes de hacer las creps.
3. Calentar una crepera o sartén antiadherente (libre de PFOA y teflón). Pincelar con aceite de coco y verter ¼ de vaso (60 ml) de masa líquida, moviendo la sartén de tal manera que todo el fondo quede cubierto por una capa fina.
4. Cocer a fuego medio unos 2-3 minutos o hasta que empiece a despegarse por los lados. Dar la vuelta y cocer 1-2 minutos más (dependiendo de la intensidad del fuego, del tipo de sartén y del espesor de la crep). Hacer todas las creps antes de preparar el relleno, colocándolas sobre un plato plano boca abajo.

**Cómo activar el sarraceno en grano:** remojar ½ vaso de grano en 1 litro de agua y ½ cucharadita de vinagre de manzana durante 6-8 horas. Tirar el agua de remojo, enjuagar bien y escurrir.

Al hidratarse, el grano doblará su volumen. Hay que tenerlo en cuenta para las proporciones de esta receta, que se basan en 1 vaso de grano hidratado, no de grano seco.

## PUDÍN DE TAPIOCA CON DÁTILES Y ESPECIAS

*Esta receta es una versión inspirada en los «misterios de tapioca» de Valérie Coupillard*

### Para 7 pudines

- ½ vaso (125 ml) de sémola pequeña de tapioca ecológica
- 1 vaso (250 ml) de leche de coco
- 1 vaso (250 ml) de agua
- 7 dátiles naturales blandos
- ½ cucharadita (2,5 ml) de jugo de jengibre (rallado y exprimido)
- 1 cucharadita (5 ml) de canela en polvo
- Unos granitos de sal no refinada fina

1. Triturar los dátiles con el agua, la leche de coco, las especias y unos granitos de sal hasta obtener una leche dulce.
2. Mezclar con la tapioca, remover y cocer tapado 5-10 minutos a fuego suave. Remover de vez en cuando, hasta que espese y los granos de sémola se vuelvan perlas translúcidas.
3. Llenar los moldes y refrigerar a 4 ºC antes de desmoldar.

## FLAN DE PLÁTANO Y LIMÓN

- 3 vasos (750 ml) de leche de avena o zumo de manzana
- 10 ml (2 cucharaditas) de alga agar-agar micropulverizada
- ½ pizca de sal no refinada fina
- Zumo de 1 limón y su ralladura fina (extraerla antes de exprimir el zumo)
- 5 plátanos
- 1 cucharada (15 ml) de kuzú
- ¼ de cucharadita de cúrcuma en polvo
- ¼ de cucharadita de vainilla en polvo

**Decoración opcional**
- Hojas de menta, rodaja de limón, fresas troceadas...

1. Mezclar el agar-agar con la leche o el zumo, los plátanos, la ralladura de limón y ½ pizquita de sal. Llevar a ebullición y cocer a fuego suave 2-3 minutos.
2. Desleír el kuzú con 3 cucharadas de agua e incorporar a la leche hirviendo a fuego muy suave, removiendo constantemente. Retirar del fuego cuando empiece a hervir de nuevo.
3. Triturar con la cúrcuma, la vainilla y zumo de limón al gusto.
4. Rellenar flaneras o moldes de silicona (100 % platino) y refrigerar a 4-5 ºC. Servir decorado con cualquiera de las opciones que apetezcan.

La cúrcuma sirve para obtener un color más parecido al flan de huevo. Es opcional y debe usarse en poca cantidad para evitar que el flan amargue y que quede un color amarillo demasiado intenso. Cuanto más fría esté la gelatina de agar-agar, más dura será su consistencia.

## PUDÍN SIMPLE DE CHÍA, COCO Y ALGARROBA

- 250 ml de agua tibia (40 ºC aprox.)
- 30 ml (2 cucharadas) de semillas de chía enteras
- 30 ml (2 cucharadas) de coco rallado
- 3 cucharadas de algarroba en polvo
- ½ cucharadita de canela en polvo
- 1 pizca de sal no refinada fina

- Opción rápida: mezclar la chía con el coco, la sal, la algarroba y la canela en un bol. Verter el agua tibia, remover y dejar reposar entre 15-60 minutos.
- Opción para que la chía genere más mucílago: remojarla previamente con el agua tibia entre 15-20 minutos. Incorporar el resto de los ingredientes removiendo.

Para generar una buena cantidad de mucílago, conviene remojar la chía con agua tibia unos 15 minutos. Con el agua a temperatura ambiente, remojar 6-8 horas. Si el líquido es más denso, por ejemplo, leche de avena o de coco, incrementar el tiempo de remojo.

## LAMINADO DE MANZANA AL HORNO CON CANELA

- 1 kg de manzanas peladas y laminadas
- 1 vaso (250 ml) de agua
- Canela en polvo
- Una pizca de sal no refinada fina

1. Calentar el horno a 180 ºC.
2. Repartir las manzanas en una bandeja para horno, regar con el agua y espolvorear canela y sal. Cubrir con papel vegetal y hornear 15 minutos o hasta que las manzanas se hayan hinchado y estén blandas.
3. Destapar y hornear 15 minutos o hasta que se evapore el líquido y empiece a dorarse por los lados.
4. Tomar tal cual o con algo crujiente, como frutos secos tostados o bien activados y deshidratados.

Es un tentempié relajante si te apetece un dulce de calidad. Combínalas con peras o melocotones y variedad de especias: vainilla en polvo, jengibre rallado, cardamomo en polvo, etcétera.

**Es opcional pelar las manzanas.** Las manzanas con piel contienen más pectina, razón por la cual conviene comer las manzanas completas, sin pelar. Pero en esta receta, según qué tipo de piel puede quedar dura comparada con la textura blanda de la pulpa y, si no gusta, puede pelarse antes de laminar.

## CREMOSO DE MANZANA Y KUZÚ

- 250 ml (1 vaso) de compota de manzana natural, sin azúcar ni fructosa añadidos
- 15 ml (1 cucharada) de kuzú *(pueraria lobata)*
- ¼ de cucharadita de canela en polvo

1. Desleír el kuzú en un bol con 3 cucharadas de agua y remover para que quede una crema homogénea.
2. Llevar la compota a ebullición y verter el kuzú desleído removiendo rápidamente con varillas para evitar que se agrume. Llevar a ebullición de nuevo sin dejar de remover y retirar del fuego.
3. Incorporar la canela en forma de lluvia, removiendo hasta que quede una crema homogénea. Servir en recipientes individuales y refrigerar o tomar a la temperatura que apetezca.

Cuando se refrigera unas horas adquiere una consistencia más tipo pudín, por ello es conveniente pasarlo al recipiente donde se vaya a comer para que tenga buena presencia al servir. La misma receta se puede hacer con zumo de manzana natural en lugar de compota, con lo que se obtiene una bebida dulcemente relajante.

## CREMA DULCE DE MANZANA Y PLÁTANO CON AGAR-AGAR

- 500 g de manzana dulce laminada con piel
- 1 plátano en rodajas
- 125 ml de agua
- 5 ml (1 cucharadita) de alga agar-agar micropulverizada

- **Condimentos opcionales:** ralladura de cítrico eco, jugo de jengibre, canela, vainilla o cardamomo en polvo

1. Elaborar una compota corta de 5 minutos con la manzana, el plátano y el agua.
2. Espolvorear el agar-agar sobre la compota, remover y hervir 3 minutos.
3. Triturar con los condimentos escogidos hasta obtener una crema homogénea. Rectificar de agua según la consistencia deseada.

## BATIDOS DIFERENTES CON BASE DE MANZANA COCIDA Y CHÍA REMOJADA

### Para la base
- 200 g de manzana troceada con piel
- 250 ml (1 vaso) de agua
- 1 pizca de sal no refinada fina
- 30 ml (2 cucharadas) de semillas de chía enteras
- 30 ml (2 cucharadas) de coco rallado

### Ingredientes a escoger para variar de sabores
- Fruta fresca de temporada o fruta secada al sol (pasas, dátiles, orejones, etcétera)
- Plátano cocido con la base de manzana
- Zumo de limón y su ralladura o jugo de jengibre fresco (rallado y exprimido)
- Cacao puro o algarroba en polvo
- Canela, cardamomo o vainilla natural en polvo (sin azúcares añadidos)

1. Elaborar una compota corta de 5 minutos cociendo la manzana con la mitad del agua y una pizca de sal.
2. Verter el agua restante, una pizca de sal para enfriar un poco la compota (a unos 40 ºC) e incorporar la chía y el coco removiendo. Dejar reposar mínimo 15 minutos para generar mucílago.
3. Triturar o mezclar con los ingredientes a escoger que apetezca.

> Una vez triturado, si no se toma inmediatamente, conviene protegerlo de la luz y el calor para evitar que se oxiden los omega 3.

## BATIDO DE COCO Y SÉSAMO CON PLÁTANO, ALGARROBA Y CANELA

- 125 ml de leche de coco
- 60 ml (4 cucharadas) de sésamo integral
- 400 ml de agua
- 1 plátano
- 3 cucharadas de algarroba en polvo o cacao puro
- 1 cucharadita de canela en polvo

1. Remojar 8 horas el sésamo con agua y unas gotas de vinagre. Tirar el agua de remojo y enjuagar.
2. Elaborar un batido o leche de sésamo triturando el sésamo con la sal y el agua. Colar o no, según se quiera un batido o leche de sésamo.
3. Triturar el batido o leche de sésamo con el resto de los ingredientes, rectificando de agua según agrade más o menos espeso.

Si no tienes plátano, utiliza 2-3 dátiles blandos. El calcio contenido en 1 cucharada de sésamo integral activado o tostado equivale al de 1 vaso de leche de vaca.

Conviene consumir el sésamo completo, sin pelar, para aprovechar el calcio que se encuentra mayoritariamente en la parte externa de la semilla. Por esta razón, es preferible el batido completo que la leche de sésamo colada. En caso de colarla, se puede utilizar la pulpa para enriquecer otros platos.

Para digerir mejor frutos secos y semillas es recomendable tostarlos o dejarlos en remojo antes de su consumo.

# Bibliografía más relevante |

ABBOTT, A., Scientists bust myth that our bodies have more bacteria than human cells, *Nature*, enero de 2016; doi: <10.1038/nature.2016.19136>.

AHMED, S. H., GUILLEM, K., VANDAELE, Y., «Sugar addiction: pushing the drug-sugar analogy to the limit», *Curr Opin Clin Nutr Metab Care.*, 2013, 16 (4): 434-9.

ALBERTS, D. S., M. E. MARTÍNEZ, D. J. ROE, *et al.*, «Lack of effect of a high-fiber cereal supplement on the recurrence of colorectal adenomas. Phoenix Colon Cancer Prevention Physicians' Network», *New England Journal of Medicine*, 20 de abril de 2000, 342 (16), págs. 1.156-1.162.

APARICIO, V. A., NEBOT, E., GARCÍA-DEL-MORAL, R., *et al.*, «High-protein diets and renal status in rats», *Nutr Hosp*, 2013, 28 (1): 232-7.

AZAD, M. B., KONYA, T., PERSAUD, R. R., *et al.*, «Impact of maternal intrapartum antibiotics, method of birth and breastfeeding on gut microbiota during the first year of life: a prospective cohort study», *BJOG*, 2016, 123 (6): 983-93.

AZIZ, I., M. Hadjivassiliou y D. S. Sanders, «The spectrum of noncoeliac gluten sensitivity», *Nature Reviews of Gastroenterology & Hepatology*, septiembre de 2015, 12 (9), págs. 516-526.

BACH, J., «The Effect of Infections on Susceptibility to Autoimmune and Allergic Diseases», *N Engl J Med.*, 2002, 347 (12): 911-20.

BÄCKHED, F., DING, H., WANG, T., *et al.*, «The gut microbiota as an environmental factor that regulates fat storage», *Proc Natl Acad Sci U S A*, 2004, 101 (44): 15718-23.

BARKER, D. J., y K. L. THORNBURG, «The Obstetric Origins of Health for a Lifetime», *Clinical Obstetrics and Gynecology*, septiembre de 2013, 56 (3), págs. 511-519.

BERNAL, M. J., M. J. PERIAGO, R. MARTÍNEZ, *et al.*, «Effects of infant cereals with different carbohydrate profiles on colonic function –randomised and double-blind clinical trial in infants aged between 6 and 12 months– pilot study», *European Journal of Pediatrics*, noviembre de 2013, 172 (11), págs. 1.535-1.542.

BES-RASTROLLO, M.M SCHULZE, M. B., RUIZ-CANELA, M., MARTÍNEZ-GONZÁLEZ, M. A., «Financial conflicts of interest and reporting bias regarding the association between sugar-sweetened beverages and weight gain: a systematic review of systematic reviews», *PLoS Med*, 2013, 10 (12).

BIRT, D. F., T. BOYLSTON, S. HENDRICH, *et al.*, «Resistant starch: promise for improving human Health», *Advances in Nutrition*, 6 de noviembre de 2013, 4 (6), págs. 587-601.

BLASER, M. J., «Antibiotic use and its consequences for the normal microbiome», *Science*, 29 de abril de 2016, 352 (6.285), págs. 544-545.

BLESSO, C. N., «Egg phospholipids and cardiovascular health», *Nutrients*, 2015, 13, 7 (4): 2731-47.

BLESSO, C. N., C. J. ANDERSEN, J. BARONA, J. S. VOLEK, M. L. FERNANDEZ, «Whole egg consumption improves lipoprotein profiles and insulin sensitivity to a greater extent than yolk-free egg substitute in individuals with metabolic syndrome» *Metabolism*, marzo de 2013, 62 (3), págs. 400-410.

BOLLAND, M. J., LEUNG, W., TAI, V., *et al.*, «Calcium intake and risk of fracture: systematic review», *BMJ*, 2015, 29, 351.

BURKITT, D. P., «Epidemiology of cancer of the colon and rectum», *Cancer*, 1971, 28, págs. 3-13.

CABRERA-RUBIO, R., M. C. COLLADO, K. LAITINEN, *et al.*, «The human milk microbiome changes over lactation and is shaped by maternal weight and mode of delivery», *The American Journal of Clinical Nutrition*, septiembre de 2012, 96 (3), págs. 544-551.

CABRERA-RUBIO, R., L. MIRA-PASCUAL, A. MIRA, M. C. COLLADO, «Impact of mode of delivery on the milk microbiota composition of healthy women», *Journal of Developmental Origins of Health and Disease*, febrero de 2016, 7 (1), págs. 54-60.

CAMPILLO, J. E., *El mono obeso*, Barcelona, Crítica, 2010.

CANFORA, E. E., JOCKEN, J. W., BLAAK, E. E., «Short-chain fatty acids in control of body weight and insulin sensitivity», *Nat Rev Endocrinol*, 2015, 11 (10): 577-91.

CAO, J. J., JOHNSON, L. K., HUNT, J. R., «A diet high in meat protein and potential renal acid load increases fractional calcium absorption and urinary calcium excretion without affecting markers of bone resorption or formation in postmenopausal women», *J Nutr.*, 2011, 141 (3): 391-7.

CHOWDHURY, R., S. Warnakula, S. Kunutsor, *et al.*, «Association of dietary, circulating, and supplement fatty acids with coronary risk: a systematic review and meta-analysis», *Annals of Internal Medicine*, 18 de marzo de 2014, 160 (6), págs. 398-406.

CHRISTIAN, L. M., J. D. GALLEY, E. M. HADE, *et al.*, «Gut microbiome composition is associated with temperament during early childhood», *Brain, Behavior, and Immunity*, marzo de 2015, 45, págs. 118-127.

CHUNG, W. S., A. W. WALKER, P. LOUIS, *et al.*, «Modulation of the human gut microbiota by dietary fibres occurs at the species level», *BMC Biology*, 11 de enero de 2016, 14, pág. 3.

CLAESSON, M. J., JEFFERY, I. B., CONDE, S., *et al.*, «Gut microbiota composition correlates with diet and health in the elderly», *Nature*, 2012, 9, 488 (7410): 178-84.

CLEMENTE, J. C., PEHRSSON, E. C., BLASER, M. J., *et al.*, «The microbiome of uncontacted Amerindians», *Science Advances*, 3 de abril de 2015, 1 (3).

COLLADO, M. C., ISOLAURI, E., LAITINEN, K., SALMINEN, S., «Distinct composition of gut microbiota during pregnancy in overweight and normal-weight women», *Am J Clin Nutr.*, 2008.

COLLADO, M. C., ISOLAURI, E., LAITINEN, K., SALMINEN, S., «Maternal weight and excessive weight gain during pregnancy modify the immunomodulatory potential of breast milk», *Pediatr Res.*, 2012, 72 (1): 77-85.

COLLADO, M. C., RAUTAVA, S., AAKKO, J., ISOLAURI, E. y SALMINEN, S., «Human gut colonisation may be initiated in utero by distinct microbial communities in the placenta and amniotic fluid», *Scientific Reports*, 22 de marzo de 2016, 6, 23129.

COLLADO, M. C., RAUTAVA, S., ISOLAURI, E., SALMINEN, S., «Gut microbiota: a source of novel tools to reduce the risk of human disease?», *Pediatr Res.*, 2015, 77 (1-2): 182-8.

COLLADO, M. C., SANTAELLA, M., MIRA-PASCUAL, L., *et al.*, «Longitudinal Study of Cytokine Expression, Lipid Profile and Neuronal Growth Factors in Human Breast Milk from Term and Preterm Deliveries», *Nutrients*, 2015, 7 (10): 8577-91.

CONLON, M. A., BIRD, A. R., «The impact of diet and lifestyle on gut microbiota and human health», *Nutrients*, 2014, 24, 7 (1): 17-44.

CORDAIN, L., «Cereal Grains: Humanity's Double-Edged Sword», en: Simopoulos, A. P. (comp.): *Evolutionary Aspects of Nutrition and Health. Diet, Exercise, Genetics and Chronic Disease*, *World Review of Nutrition and Dietetics*, Basel, Karger, vol. 84, 1999, págs. 19-73.

CORDAIN, L., EATON, S. B., SEBASTIAN, A., *et al.*, «Origins and evolution of the Western diet: health implications for the 21st century», *Am J Clin Nutr*, 2005, 81 (2): 341-54.

CORZO, N., J. L. ALONSO, F. AZPIROZ, *et al.*, «Consenso científico sobre prebióticos», octubre de 2014, disponible en: <www.sepyp.es/pdf/docConsensoPrebioticos.pdf>.

CORZO, N., ALONSO, J. L., AZPIROZ, F., *et al.*, «Prebióticos: conceptos, propiedades y efectos beneficiosos», *Nutr Hosp.*, 2015, 31 (S1): s99-s118.

COTTRELL, E. C., y J. R. SECKL, «Prenatal stress, glucocorticoids and the programming of adult disease», *Frontiers in Behavioral Neuroscience*, septiembre de 2009, 7 (3), pág. 19.

CUELLO-GARCÍA, C. A., FIOCCHI, A., PAWANKAR, R., *et al.*, «World Allergy Organization-McMaster University Guidelines for Allergic Disease Prevention (GLAD-P): Prebiotics», *World Allergy Organ J.*, 2016, 1, 9:10.

CUEVAS FERNÁNDEZ, O., y L. REDONDO CUEVAS, *Tratamientos naturales al alcance de todos*, Barcelona, RBA LIBROS, 2015.

DE PUNDER, K. PRUIMBOOM, L., «The dietary intake of wheat and other cereal grains and their role in inflammation», *Nutrients*, 2013, 12, 5 (3): 771-87

DESAI, M., BEALL, M., ROSS, M. G., «Developmental origins of obesity: programmed adipogenesis», *Curr Diab Rep.*, 2013, 13:27-33.

DESFORGES, M., PARSONS, L., WESTWOOD, M., SIBLEY, C. P., GREENWOOD, S. L., «Taurine transport in human placental trophoblast is important for regulation of cell differentiation and survival», *Cell Death and Disease*, 2013, 4 (3): e559.

DESHMUKH, H. S., LIU, Y., MENKITI, O. R., *et al.*, «The microbiota regulates neutrophil homeostasis and host resistance to Escherichia coli K1 sepsis in neonatal mice», *Nat Med.*, 2014, 20 (5): 524-30.

DINAN, T. G., R. M. STILLING, C. STANTON y J. F. CRYAN, «Collective unconscious: how gut microbes shape human behavior», *Journal of Psychiatric Research*, abril de 2015, 63, págs. 1-9.

DINICOLANTONIO, J. J., y S. C. LUCAN, «The wrong white crystals: not salt but sugar as aetiological in hypertension and cardio-metabolic disease», *Open Heart*, 3 de noviembre de 2014, 1 (1), e000167.

DOMÍNGUEZ-BELLO, M. G., BLASER, M. J., «Asthma: Undoing millions of years of coevolution in early life?», *Sci Transl Med.*, 2015, 30, 7 (307): 307fs39.

DOMÍNGUEZ-BELLO, M. G., K. M. DE JESUS-LABOY, N. SHEN, *et al.*, «Partial restoration of the microbiota of cesarean-born infants via vaginal microbial transfer», *Nature Medicine*, marzo de 2016, 22 (3), págs. 250-253.

DONKIN, I., S. VERSTEYHE, L. R. INGERSLEV, *et al.*, «Obesity and Bariatric Surgery Drive Epigenetic Variation of Spermatozoa in Humans», *Cell Metabolism*, 9 de febrero de 2016, 23 (2), págs. 369-378.

DUTTAROY, A. K., «Transport of fatty acids across the human placenta: A review», Progress in Lipid Research, enero de 2009, 48 (1), págs. 52-61.

EFSA (European Food Safety Authority), «Scientific Opinion on lactose thresholds in lactose intolerance and galactosaemia», *EFSA Journal*, 2010, 8 (9), pág. 1.777.

ELNOUR, A., HAMBRAEUS, L., ELTOM, M., DRAMAIX, M., BOURDOUX, P., «Endemic goiter with iodine sufficiency: a possible role for the consumption of pearl millet in the etiology of endemic goiter», *Am J Clin Nutr.*, 2000, 71 (1): 59-66.

EUFIC, «¿Lo mejor desde el pan en lonchas? Un repaso de las ventajas de los alimentos procesados», junio de 2010 [visitado el 15 de agosto de 2016], disponible en: <www.eufic.org/article/es/tecnologia-alimentaria/elaboracion-alimentos/expid/ventajas-alimentos-procesados/>.

FALCÓ, G., LLOBET, J. M., BOCIO, A., DOMINGO, J. L., «Daily intake of arsenic, cadmium, mercury, and lead by consumption of edible marine species», *J Agric Food Chem*, 2006, 54 (16): 6106-12

FASANO, A., A. SAPONE, V. ZEVALLOS y D. SCHUPPAN, «Nonceliac gluten sensitivity», *Gastroenterology*, mayo de 2015, 148 (6), págs. 1.195-1.204.

FDA Consumer Health Information, FDA Cuts Trans Fat, junio de 2015, disponible en: www.fda.gov/downloads/ForConsumers/ConsumerUpdates/UCM451467.pdf

FERNÁNDEZ, L., S. LANGA, V. MARTÍN, *et al.*, «The human milk microbiota: origin and potential roles in health and disease», *Pharmacological Research*, marzo de 2013, 69 (1), págs. 1-10.

FESKANICH, D., H. A. BISCHOFF-FERRARI, A. L. FRAZIER y W. C. WILLETT, «Milk consumption during teenage years and risk of hip fractures in older adults», *JAMA Pediatrics*, enero de 2014, 168 (1), págs. 54-60.

FESNAD, «Consenso sobre las grasas y aceites en la alimentación de la población española adulta», 1 de abril de 2015, [citado el 10 de agosto de 2016], disponible en: <www.fesnad.org/resources/files/Publicaciones/Consenso_sobre_las_grasas_y_aceites_2015.pdf>.

FLINT, H. J., S. H. DUNCAN, K. P. SCOTT y P. LOUIS, «Links between diet, gut microbiota composition and gut metabolism», *Proceedings of the Nutrition Society*, febrero de 2015, 74 (1), págs. 13-22.

FLINT, H. J., SCOTT, K. P., LOUIS, P., DUNCAN, S. H., «The role of the gut microbiota in nutrition and health», *Nat Rev Gastroenterol Hepatol.*, 2012, 4, 9 (10): 577-89.

FLOCH, M. H., WALKER, W. A., SANDERS, M. E., *et al.*, «Recommendations for Probiotic Use--2015 Update: Proceedings and

Consensus Opinion», *J Clin Gastroenterol.*, 2015, 49 Suppl 1: S69-73.

Fondo Mundial para la Investigación del Cáncer/Instituto Estadounidense de Investigación sobre el Cáncer, *Alimentos, nutrición, actividad física, y la prevención del cáncer: una perspectiva mundial*, Washington, D. C., AICR, 2007.

FOROUHI, N. G., SHARP, S. J., DU, H., *et al.*, «Dietary fat intake and subsequent weight change in adults: results from the European Prospective Investigation into Cancer and Nutrition cohorts», *Am J Clin Nutr.*, 2009, 90 (6): 1632-41.

FULLER, N. R., I. D. CATERSON, A. SAINSBURY, *et al.*, «The effect of a high-egg diet on cardiovascular risk factors in people with type 2 diabetes: the Diabetes and Egg (DIABEGG) study-a 3-mo randomized controlled trial», *American Journal of Clinical Nutrition*, abril de 2015, 101 (4) págs. 705-713.

GARCÍA-MANTRANA, I., COLLADO, M. C., «Obesity and overweight: Impact on maternal and milk microbiome and their role for infant health and nutrition», *Mol Nutr Food Res.*, 2016, 60 (8): 1865-75.

GLUCKMAN, P. D., y M. A. HANSON, «Evolution, development and timing of puberty», *Trends in Endocrinology & Metabolism*, enero-febrero de 2006, 17 (1), págs. 7-12.

GUANDALINI, S., POLANCO, I., «Nonceliac gluten sensitivity or wheat intolerance syndrome?», *J Pediatr.*, 2015, 166 (4): 805-11.

HAGGARTY, P., «Effect of placental function on fatty acid requirements during pregnancy», *Eur J Clin Nutr.*, 2004, 58 (12): 1559-70.

HIBBELN, J. R., «Seafood consumption, the DHA content of mothers' milk and prevalence rates of postpartum depression: a cross-national, ecological analysis», *J Affect Disord.*, 2002, 69 (1-3): 15-29.

HIBBELN, J. R., L. R. NIEMINEN, T. L. BLASBALG, J. A. RIGGS y W.

E. LANDS, «Healthy intakes of n-3 and n-6 fatty acids: estimations considering worldwide diversity», *The American Journal of Clinical Nutrition*, junio de 2006, 83 (6 Suppl), págs. 1.483S-1.493S.

HILL, C., F. GUARNER, G. REID, *et al.*, «Expert consensus document. The International Scientific Association for Probiotics and Prebiotics consensus statement on the scope and appropriate use of the term probiotic», *Nature Reviews of Gastroenterology & Hepatology*, agosto de 2014, 11 (8), págs. 506-514.

HO, K. S., C. Y. TAN, M. A. MOHD DAUD y F. SEOW-CHOEN, «Stopping or reducing dietary fiber intake reduces constipation and its associated symptoms», *World Journal of Gastroenterology*, 7 de septiembre de 2012, 18 (33), págs. 4.593-4.596.

HOOPER, L., SUMMERBELL, C. D., THOMPSON, R., *et al.*, «Reduced or modified dietary fat for preventing cardiovascular disease», *Cochrane Database Syst Rev.*, 2012, 16, (5).

Ingestas Dietéticas de Referencia (IDR) para la Población Española, 2010, *Act Diet.*, 2010, 14 (4): 196-197.

JACKSON, M. A., J. K. GOODRICH, M. E. MAXAN, *et al.*, «Proton pump inhibitors alter the composition of the gut microbiota», *Gut*, mayo de 2016, 65 (5), págs. 749-756.

JACOBS, E. T., A. R. GIULIANO, D. J., ROE, J. M. GUILLÉN-RODRÍGUEZ, D. S. ALBERTS y M. E. MARTÍNEZ, «Baseline dietary fiber intake and colorectal adenoma recurrence in the wheat bran fiber randomized trial», *Journal of the National Cancer Institute*, 6 de noviembre de 2002, 94 (21), págs. 1.620-1.625.

JACOBS, E. T., GIULIANO, A. R., ROE, D. J., *et al.*, «Intake of supplemental and total fiber and risk of colorectal adenoma recurrence in the wheat bran fiber trial», *Cancer Epidemiol Biomarkers Prev.*, 2002, 11 (9): 906-14.

JEURINK, P. V., J. VAN BERGENHENEGOUWEN, E. JIMÉNEZ, *et al.*,

«Human milk: a source of more life than we imagine», *Beneficial Microbes*, 2013, 4 (1), págs. 17-30.

KANIS, J. A., A. ODÉN, E. V. MCCLOSKEY, *et al.*, A systematic review of hip fracture incidence and probability of fracture worldwide», *Osteoporosis International*, septiembre de 2012, 23 (9), págs. 2.239-2.256.

KOREN, O., J. K. GOODRICH, T. C. CULLENDER, *et al.*, «Host remodeling of the gut microbiome and metabolic changes during pregnancy», *Cell*, 2012, 150 (3), págs. 470-480.

KROMHOUT, D., DE GOEDE, J., «Update on cardiometabolic health effects of w-3 fatty acids», *Curr Opin Lipidol*, 2014, 25 (1): 85-90.

KUPPER, C., «Dietary guidelines and implementation for celiac disease», *Gastroenterology*, abril de 2005, 128 (4 Suppl 1), págs. S121-127.

LAGER, S., y T. L. POWELL, «Regulation of Nutrient Transport across the Placenta», *Journal of Pregnancy*, 2012, 2012:179827.

LANGDON, A., CROOK, N., DANTAS, G., «The effects of antibiotics on the microbiome throughout development and alternative approaches for therapeutic modulation», *Genome Med.*, 2016, 13, 8 (1): 39.

LEHNEN, H., U. ZECHNER, T. HAAF, «Epigenetics of gestational diabetes mellitus and offspring health: the time for action is in early stages of life», *Molecular Human Reproduction*, julio de 2013, 19 (7), págs. 415-422.

LINDEBERG, S., «Food And Western Disease: Health and Nutrition from an Evolutionary Perspective», Wiley-Blackwell, 2010.

LIONETTI, E., S. CASTELLANETA, R. FRANCAVILLA, *et al.*, «Introduction of gluten, HLA status, and the risk of celiac disease in children», *New England Journal of Medicine*, 2 de octubre de 2014, 371 (14), pág. 1.295-1.303.

LERODIAKONOU, D., GARCIA-LARSEN, V., LOGAN, A., *et al.*, «Timing of Allergenic Food Introduction to the Infant Diet and Risk of Allergic or Autoimmune Disease: A Systematic Review and Meta-analysis», *JAMA*, septiembre de 2016, 316 (11), págs. 1181-1192.

LUDWIG, D. S., y W. C. WILLETT, «Three daily servings of reduced-fat milk: an evidence-based recommendation?», *JAMA Pediatrics*, septiembre de 2013, 167 (9), págs. 788-789.

MA, J., A. L. PRINCE, D. BADER, *et al.*, «High-fat maternal diet during pregnancy persistently alters the offspring microbiome in a primate model», *Nature Communications*, 20 de mayo de 2014, 5, pág. 3.889.

MALDONADO LOZANO, J. «Nuevos ingredientes en las fórmulas para lactantes nacidos a término (I): Probióticos, prebióticos y simbióticos», *Acta Pediatr Esp.*, 2014, 72: 56-62.

MAYER, E. A., R. KNIGHT, S. K. MAZMANIAN, J. F. CRYAN y K. TILLISCH, «Gut microbes and the brain: paradigm shift in neuroscience», *The Journal of Neuroscience*, 12 de noviembre de 2014, 34 (46), págs. 15.490-15.496.

MCCANCE, «Food, growth, and time», *The Lancet*, 1962, 29, 2 (7257): 621-6.

MCLEAN, M. H., D. DIEGUEZ, JR., L. M. MILLER, H. A. YOUNG, «Does the microbiota play a role in the pathogenesis of autoimmune diseases?», *Gut*, febrero de 2015, 64 (2), págs. 332-341.

MELNIK, B. C., S. M. JOHN y G. SCHMITZ, «Milk consumption during pregnancy increases birth weight, a risk factor for the development of diseases of civilization», *Journal of Translational Medicine*, 16 de enero de 2015, 13, pág. 13.

MELNIK, B. C., «Milk--the promoter of chronic Western diseases», *Med Hypotheses*, 2009, 72 (6):631-9.

MICHAËLSSON, K., WOLK, A., LANGENSKIÖLD, S., *et al.*, «Milk intake and risk of mortality and fractures in women and men: cohort studies», *BMJ*, 2014, 349.

MOON, C., M. T. BALDRIDGE, M. A. WALLACE, *et al.*, «Vertically transmitted faecal IgA levels determine extra-chromosomal phenotypic variation», *Nature*, 7 de mayo de 2015, 521 (7.550), págs. 90-93.

MOORE, T. R., «Fetal exposure to gestational diabetes contributes to subsequent adult metabolic syndrome», *Am J Obstet Gynecol*, 2010, 202 (6): 643-9.

MOSHFEGH, A. J., FRIDAY, J. E., GOLDMAN, J. P., AHUJA, J. K., «Presence of inulin and oligofructose in the diets of Americans», *J Nutr.*, 1999, 129 (7 Suppl): 1407S-11S.

MUELLER, N. T., R. WHYATT, L. HOEPNER, *et al.*, «Prenatal exposure to antibiotics, cesarean section and risk of childhood obesity», *International Journal of Obesity* (Londres), abril de 2015, 39 (4), págs. 665-670.

MUSILOVA, S., RADA, V., VLKOVA, E., BUNESOVA, V., «Beneficial effects of human milk oligosaccharides on gut microbiota», *Benef Microbes*, 2014, 5 (3): 273-83.

NICHOLSON, T., H. KHADEMI y M. H. MOGHADASIAN, «The role of marine n-3 fatty acids in improving cardiovascular health: a review», *Food & Function*, 2013, 4 (3), págs. 357-365.

NORBERG, S., POWELL, T. L., JANSSON, T., «Intrauterine Growth Restriction Is Associated with a Reduced Activity of Placental Taurine Transporters», *Pediatric Research*, 1998, 44 (2): 233–8.

O'KEEFE, S. J., J. V. LI, L. LAHTI, *et al.*, «Fat, fibre and cancer risk in African Americans and rural Africans», *Nature Communications*, 28 de abril de 2015, 6, pág. 6.342.

ORGANIZACIÓN MUNDIAL DE LA SALUD, Nota informativa sobre la ingesta de azúcares recomendada en la directriz de la OMS para adultos y niños, 4 de marzo de 2015, disponible en: www.who.int/nutrition/publications/guidelines/sugar_intake_information_note_es.pdf?ua=1

RAMSDEN, C. E., ZAMORA, D., LEELARTHAEPIN, B., *et al.*, «Use of dietary linoleic acid for secondary prevention of coronary heart disease and death: evaluation of recovered data from the Sydney Diet Heart Study and updated meta-analysis», *BMJ*, 2013, 4, 346.

REYNOLDS, R. M., WALKER, B. R., SYDDALL, H. E., *et al.*, «Altered control of cortisol secretion in adult men with low birth weight and cardiovascular risk factors. J Clin Endocrinol Metab», 2001, 86 (1): 245-50.

RIDAURA, V. K., J. J. FAITH, F. E. Rey, *et al.*, «Gut microbiota from twins discordant for obesity modulate metabolism in mice», *Science*, 6 de septiembre de 2013, 341 (6150), 1241214.

RIGO, J., PIELTAIN, C., SALLE, B., SENTERRE, J., «Enteral calcium, phosphate and vitamin D requirements and bone mineralization in preterm infants», *Acta Paediatr.*, 2007, 96 (7): 969-74.

ROBLES ALONSO, V., y F. GUARNER, «Progreso en el conocimiento de la microbiota intestinal humana», *Nutrición Hospitalaria*, 2013, 28 (3), págs. 553-557.

RODRÍGUEZ, J. M., K. MURPHY, C. STANTON, *et al.*, «The composition of the gut microbiota throughout life, with an emphasis on early life», *Microbial Ecology in Health and Disease*, febrero de 2015, 2, 26, pág. 26.050.

RODRÍGUEZ, J. M., «Probióticos: del laboratorio al consumidor», *Nutrición Hospitalaria*, 7 de febrero de 2015, 31, Supl. 1, págs. 33-47.

RODRÍGUEZ, J. M., «The origin of human milk bacteria: is there a bacterial entero-mammary pathway during late pregnancy and lactation?», *Adv Nutr.*, 2014, 14, 5 (6): 779-84.

ROGERS, M. A., ARONOFF, D. M., «the influence of non-steroidal anti-inflammatory drugs on the gut microbiome», *Clin Microbiol Infect*, 2016, 22 (2): 178.e1-9

ROMANO-KEELER, J., D. J. MOORE, C. WANG, *et al.*, «Early life establishment of site-specific microbial communities in the gut», *Gut Microbes*, marzo-abril de 2014, 5 (2), págs. 192-201.

ROMANO-KEELER, J., y J. H. WEITKAMP, «Maternal influences on fetal microbial colonization and immune development», *Pediatric Research*, enero de 2015, 77 (1-2), págs. 189-195.

ROOS, S., LAGERLÖF, O., WENNERGREN, M., POWELL, T. L., JANSSON, T., «Regulation of amino acid transporters by glucose and growth factors in cultured primary human trophoblast cells is mediated by mTOR signaling», *Am J Physiol Cell Physiol*, 2009, 297 (3): C723-31.

SANCHIS CHORDÀ, J., «Microbioma intestinal, dieta y obesidad: una estrecha relación», *Revista Española de Nutrición Humana y Diet*ética, 2014, vol. 18 (Supl. 1), págs. 3-5.

SANJUÁN, J., *Teoría de la evolución en medicina*, Madrid, Editorial Médica Panamericana, 2009.

SCHWINGSHACKL, L., y G. HOFFMANN, «Comparison of high vs. normal/low protein diets on renal function in subjects without chronic kidney disease: a systematic review and meta-analysis», *PLoS One*, 22 de mayo de 2014, 9 (5), e97656.

SECKL, J. R., «Prenatal glucocorticoids and long-term programming», *European Journal of Endocrinology*, noviembre de 2004, 151 (3), págs. U49-62.

SHARMA, S. K., S. BANSAL, M. MANGAL, A. K. DIXIT, R. K. GUPTA y A. K. MANGAL, «Utilization of Food Processing By-products as Dietary, Functional, and Novel Fiber: A Review», *Critical Review in Food and Science Nutrition*, 26 de julio de 2016, 56 (10), págs. 1.647-1.661.

SONNENBURG, E. D., SMITS, S. A., TIKHONOV, M., HIGGINBOTTOM, S. K., WINGREEN, N. S., SONNENBURG, J. L., «Diet-induced extinctions in the gut microbiota compound over generations», *Nature*, 2016, 14, 529 (7585): 212-5.

ŚREDNICKA-TOBER, D., M. BARAŃSKI, C. SEAL, *et al.*, «Composition differences between organic and conventional meat: a systematic literature review and meta-analysis», *British Journal of Nutrition*, 28 de marzo de 2016, 115 (6), págs. 994-1.011.

ŚREDNICKA-TOBER, D., M. BARAŃSKI, C. J. SEAL, *et al.*, «Higher PUFA and n-3 PUFA, conjugated linoleic acid, α-tocopherol and iron, but lower iodine and selenium concentrations in organic milk: a systematic literature review and meta- and redundancy analyses», *British Journal of Nutrition*, 28 de marzo de 2016, 115 (6), págs. 1.043-1.060.

STUCKEY, N. W., «On the changes of the rabbit aorta under the influence of rich animal food», Conferencia Inaugural, Congreso de Patología, San Petersburgo, 1910.

SUEZ, J., T. KOREM, D. ZEEVI, *et al.*, «Artificial sweeteners induce glucose intolerance by altering the gut microbiota», *Nature*, 9 de octubre de 2014, 514 (7.521), págs. 181-186.

SZAJEWSKA, H., HORVATH, A., KOLETZKO, B., «Effect of n-3 long-chain polyunsaturated fatty acid supplementation of women with low-risk pregnancies on pregnancy outcomes and growth measures at birth: a meta-analysis of randomized controlled trials», *Am J Clin Nutr.*, 2006, 83 (6): 1337-44.

SZAJEWSKA, H., HORVATH, A., KOLETZKO, B., «Effect of supplementation of women in high-risk pregnancies with long-chain polyunsaturated fatty acids on pregnancy outcomes and growth measures at birth: a meta-analysis of randomized controlled trials», *Br J Nutr.*, 2007, 98 (2): 253-9.

TAI, V., W. LEUNG, A. GRIS, I. R. REID Y M. J. BOLLAND, «Calcium intake and bone mineral density: systematic review and meta-analysis», *BMJ*, 29 de septiembre de 2015, 351:h4183.

TAN, K. Y., y F. SEOW-CHOEN, «Fiber and colorectal diseases: separating fact from fiction», *World Journal of Gastroenterology*, 21 de agosto de 2007, 13 (31), págs. 4.161-4.167.

TILLISCH, K., J. LABUS, L. KILPATRICK, *et al.*, «Consumption of fermented milk product with probiotic modulates brain activity», *Gastroenterology*, junio de 2013, 144 (7), págs. 1.394-1.401.

TURNBAUGH, P. J., LEY, R. E., MAHOWALD, M. A., MAGRINI, V., MARDIS, E. R., GORDON, J. I., «An obesity-associated gut microbiome with increased capacity for energy harvest», *Nature*, 2006, 21, 444 (7122): 1027-31.

TURNER, K. M., KEOGH, J. B., CLIFTON, P. M., «Red meat, dairy, and insulin sensitivity: a randomized crossover intervention study», *Am J Clin Nutr*, 2015, 101 (6): 1173-9.

VALDÉS, L., A. CUERVO, N. SALAZAR, P. RUAS-MADIEDO, M. GUEIMONDE y S. GONZÁLEZ, «The relationship between phenolic compounds from diet and microbiota: impact on human health», *Food & Function*, agosto de 2015, 6 (8), págs. 2.424-2.439.

VALENZUELA, A., MORGADO, N., «Breve historia de la relación entre el colesterol y las enfermedades cardiovasculares», *Rev chil nutr*, 2006, 33 (2): 130-4.

VÁZQUEZ, M., «¿Somos demasiado limpios? Los beneficios de microbios y parásitos», *Fitness Revolucionario*, 9 de diciembre de 2013, disponible en: <http://goo.gl/4GTkCB>.

VILLAGRÁN-GARCÍA, E. F., E. F. HURTADO-LÓPEZ, E. M. Vasquez-Garibay, *et al.*, «Introduction of pasteurized/raw cow's milk during the second semester of life as a risk factor of type 1 diabetes mellitus in school children and adolescents», *Nutrición Hospitalaria*, 1 de agosto de 2015, 32 (2), págs. 634-637.

VRIEZINGA, S. L., R. AURICCHIO, E. BRAVI, *et al.*, «Randomized feeding intervention in infants at high risk for celiac disease», *New England Journal of Medicine*, 2 de octubre de 2014, 371 (14), págs. 1.304-1.315.

WALSH, C. J., GUINANE, C. M., O'TOOLE, P. W., COTTER, P. D., «Beneficial modulation of the gut microbiota», *FEBS Lett.*, 2014, 17, 588 (22): 4120-30.

WEAVER, I., «Epigenetic Programming by Maternal Behavior and Pharmacological Intervention. Nature Versus Nurture: Let's Call The Whole Thing Off», *Epigenetics*, enero-marzo de 2007, 2 (1), págs. 22-28.

WGO, «Probióticos y prebióticos», en: *Guías Prácticas de la Organización Mundial de Gastroenterología*, octubre de 2011, disponible en: <www.worldgastroenterology.org/probiotics-prebiotics.html>.

W. U., C. S., NOHR, E. A., BECH, B. H., VESTERGAARD, M., OLSEN, J., «Long-term health outcomes in children born to mothers with diabetes: a population-based cohort study», *PLoS One.*, 2012, 7: e36727.

WORLD CANCER RESEARCH FUND INTERNATIONAL, Weight & cancer, disponible en: www.wcrf.org/int/cancer-facts-figures/link-between-lifestyle-cancer-risk/weight-cancer

YADAV, B. S., SHARMA, A., YADAV, R. B., «Studies on effect of multiple heating/cooling cycles on the resistant starch formation in cereals, legumes and tubers», *Int J Food Sci Nutr*, 2009, 60 Suppl 4: 258-72.

YANG, J., H. P. WANG, L. ZHOU y C. F. XU, «Effect of dietary fiber on constipation: a meta analysis», *World Journal of Gastroenterology*, 28 de diciembre de 2012, 18 (48), págs. 7.378-7.383.

YEH, T. F., LIN, Y. J., LIN, H. C., *et al.*, «Outcomes at school age after postnatal dexamethasone therapy for lung disease of prematurity», *N Engl J Med.*, 2004, 25, 350 (13): 1304-13.

ZAMBROWIC, A., DABROWSKA, A., BOBAK, T., SZOLTYSIK, M., «Egg yolk proteins and peptides with biological activity», *Postepy Hig Med Dosw* (Online), 2014, 24, 68: 1524-9.

# Agradecimientos |

Xavi:

Quiero agradecer a Jesús haber aceptado compartir la aventura de escribir este libro y por crecer juntos en este *team* imparable.

A mis socios de Regenera por compartir la búsqueda del saber.

A mi amigo, el doctor Paris Fernández, por enseñarme cómo la sencillez conduce a la salud.

A mi maestro Bernardo Ortín, por enseñarme que todo es así excepto cuando deja de serlo.

A mis padres, los mejores que he podido tener.

Y sobre todo, a mis dos amores: mi mujer, Noemí, por tu magnífico capítulo de inteligencia emocional que nos brindas en este libro, uno de los pilares más importantes; por tu paciencia, por tu apoyo, por tu amor, por compartir nuestra vida de adultos. Y a mi pequeña y bonita Martina, porque verte crecer y volar es el mejor regalo.

Jesús:

A Xavi, por tu confianza, por descubrirme, por inculcar en mí los valores de la amistad y la lealtad. Gracias a ti y a Noe por mejorar tanto mi salud física y emocional.

A la doctora Pilar Codoñer, mi directora, un ejemplo de trabajo, calma y sabiduría, un ser humano excepcional. Gracias por aceptarme sin condiciones.

A mis padres, quien nos lo iba a decir, de mal estudiante a estudiante universitario con premios nacionales. Mis éxitos son los vuestros. Gracias por dármelo todo.

Agradezco especialmente el apoyo incondicional de mi compañera de viaje, Lucía. Gran parte de este libro es tuyo, has aportado mucho criterio y conocimiento. Gracias por enseñarme y ayudarme tanto, siempre.

Gracias a la vida por haber puesto en mi camino a tantas personas maravillosas: familiares, amigos, compañeros, psicólogos, que me han impulsado a lograr cosas que jamás imaginé.

Si quiere conocer más sobre sus autores
y este libro, visite la página web

www.niñossanosadultossanos.com